T0299024

التخطيط والتطوير
الإداري

التخطيط والتطوير الإداري

تأليـف

زيد منير عبوي
ماجستير إدارة عامة
- الجامعة الأردنية -

الطبعة الأولى
2008م - 1429هـ

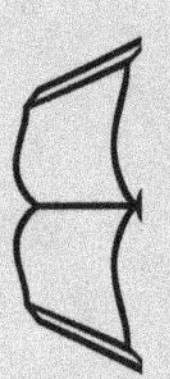

المملكة الأردنية الهاشمية

رقم الإيداع لدى دائرة المكتبة الوطنية (2007/8/2743)

رقم التصنيف: 658.401
عبوي، زيد منير

التخطيط والتطوير الإداري

المؤلف ومن هو في حكمه: زيد منير عبوي

بيانات الناشر: عمان- دار الراية للنشر والتوزيع، 2008.
عدد الصفحات (260)
ر.أ: (2007/8/2743)
الواصفات: /التخطيط الإداري//إدارة المشاريع/إدارة الأعمال//الإدارة التنفيذية
ردمك: 978-9957-499-06-8 ISBN
* تم إعداد بيانات الفهرسة والتصنيف الأولية من قبل دائرة المكتبة الوطنية.

دار الراية للنشر والتوزيع

شارع الجمعية العلمية الملكية - المبنى الاستثماري الأول للجامعة الأردنية
هاتف 5338656 (9626)
فاكس 5348656(9626) نقال 79685200 962 ص.ب 366
الجبيهة الرمز البريدي 11941 عمان- الأردن
E-mail: dar_alraya@yahoo.com

المحتويات

الموضـــــوع	رقم الصفحة

الموضـــوع	رقم الصفحة

الموضـــــوع	رقم الصفحة

الموضـــــوع	رقم الصفحة

مقدمة

غدت ظاهرة التخطيط والتطوير الإداري من الظواهر العالمية الهامة في وقتنا الحاضر، فقد أهمت بهم الدول باعتبارهم مناهج أو أسلوب لحل المشكلات التي تواجههم ومن ثم النهوض والتطوير بمستواهم.

تم عرض الكتاب من خلال بابين، الباب الأول ويشمل التخطيط الإداري، والذي يعتبر من أهم المراحل العملية الإدارية، بل إن شئنا الدقة قلنا به أنه الأساس الذي تعتمد عليه جميع مراحل العملية الإدارية وانتظام سيرها. ومن ثم التطرق إلى تخطيط الموارد البشرية ودورها في تحديد أعداد ونوعيات العمالة المطلوبة خلال فترة الخطة، والتعرف على تخطيط استراتيجيات المزيج التسويقي والمبيعات والتي تشملان المنتج والتسعير والتوزيع والترويج، وجميع عمليات البيع والطرق المستخدمة التي تستخدم بتعاون مع العاملين في المنظمة.

أما الباب الثاني فيشمل التطوير الإداري والذي يعتبر من أهم أساليب العمل الذي يساعد على تحسين وتطوير وتدريب وتنمية الروح الجماعية في الجهاز الإداري، ومن خلال هذا الباب تم عرض موضوع التحفيز في الإدارة والتي تشمل مجموعة دوافع التي تدفعنا لعمل شيء ما يساعد على إنجاح العملية الإدارية، وذلك بالتعاون مع الموظفين الذين يصممون البرامج المتعلقة بالحوافز وكيفية إدارتها. ومن ثم التطرق إلى إدارة التطوير والتغيير الإداري واللذان يعتبران مهمين على مستوى التنظيم ككل،

وتساعدان الإدارة إلى زيادة فعالية التنظيم، وعلاقة كل من إدارة الجودة الشاملة والهندرة الإدارية والتخاصية كاتجاهات حديثة في التطوير الإداري.

ومن ثم التعرف على برامج التطوير والتدريب الإداري واللذان يساعدان الموظفين لتهيئة أنفسهم لمراكز مستقبلية في المؤسسة وتصميم العمل وزيادة فعالية أداء الموظفين الحالية. هذا يتحقق من خلال برامج تدريبية تساعد الموظفين على اكتساب الخبرات اللازمة كهدف أساسي لتحقيق غايات المنظمة.

وأخيراً تم التطرق في الباب الثاني إلى موضوع مهم جداً وهو " الإصلاح الإداري في الدول العربية" الذي يشمل عمليات إصلاح سياسي واقتصادي واجتماعي وإداري، وفي تحقيق وتطوير واقتراح طرق وأساليب جديدة للتعامل مع المشاكل الذي قد تظهر إلى خلق توجهات وأساليبي وعمليات جديدة تساعد على النجاح الإداري.

المؤلف

زيد عبوي

الباب الأول

التخطيط الإداري

الفصل الأول: مدخل إلى التخطيط الإداري.
الفصل الثاني: تخطيط الموارد البشرية.
الفصل الثالث: تخطيط استراتيجيات المزيج التسويقي والمبيعات.

الفصل الأول

مدخل إلى التخطيط الإداري

* مفهوم التخطيط:

يعتبر التخطيط من الوظائف القيادية والمهمة في الإدارة والتي يقع على عاتق القيادة الإدارية وجوب النهوض به كوظيفة أساسية تختص بها الإدارة العليا. ولا تنتهي هذه الوظيفة إلا بتحقيق الهدف من خلال نشاطات الإدارة التي تعمل على تنفيذ الخطة.

فالتخطيط هو أهداف محددة مستقبلية يراد تحقيقها، وذلك عن طريق التنبؤ بالمستقبل ووجوب الاستعداد له.

* خطوات التخطيط الإداري:

عملية التخطيط تشتمل على العديد من الخطوات المنطقية هي:

(1) التحديد المسبق للأهداف المراد الوصول إليها.

(2) وضع السياسيات والقواعد التي نسترشد بها في اختيارنا لأسلوب تحقيق الهدف.

(3) وضع واختيار بديل من بين عدة بدائل متاحة لتنفيذ الهدف المطلوب، وتحديد الإمكانات اللازمة لتنفيذ هذا البديل.

(4) تحديد الإمكانات المتاحة فعلاً.

(5) تحديد كيفية توفير الإمكانات غير المتاحة.

(6) وضع البرامج الزمنية اللازمة لتنفيذ الهدف، والتي تتناول تحديد النشاطات اللازمة لتحقيق الهدف، وكيفية القيام بهذه النشاطات، والترتيب الزمني للقيام بهذه النشاطات ثم تحديد المسؤولية عن تنفيذ هذه النشاطات.

* أهمية التخطيط الإداري:

إن العمل بدون خطة يصبح ضربًا من العبث وضياع الوقت سدى، إذ تعم الفوضى والارتجالية ويصبح الوصول إلى الهدف بعيد المنال.

وتبرز أهمية التخطيط أيضًا في توقعاته للمستقبل وما قد يحمله من مفاجآت وتقلبات، حيث أن الأهداف التي يراد الوصول إليها هي أهداف مستقبلية أي أن تحقيقها يتم خلال فترة زمنية محددة قد تطول وقد تقصر، مما يفرض على رجل الإدارة عمل الافتراضات اللازمة لما قد يكون عليه هذا المستقبل وتكوين فكرة عن ما سيكون عليه الوضع عند البدء في تنفيذ الأهداف وخلال المراحل المختلفة للتنفيذ.

* عناصر التخطيط الإداري:

هناك عنصرين أساسيين في التخطيط الإداري هما:-

العنصر الأول: التنبؤ بالمستقبل

يعتبر التنبؤ جوهر عملية التخطيط والتركيز عليه من المرتكزات الأولية التي تقوم عليها. فالخطة تبدأ بالاعتماد على التقدير والافتراضات التي يتوقع واضعو الخطة تحقيقها في المستقبل.

فالتخطيط كما يقول (دروكر) لا يعني التحكم الذهني في المستقبل، ولكنه يعني محاولة الكشف عن التقديرات والاحتمالات والافتراضات التي يتوقع تحقيقها في المستقبل. ويجب أن تكون هذه التقديرات والافتراضات مبنية على أساس علمي ومدروس، لا على مجرد تكهنات أو اجتهادات شخصية أو عفوية، فيجب أن يكون التخطيط قائماً على دراسة جادة وأن يستند إلى بيانات ومعلومات كاملة ودقيقة وحديثة، فالتخطيط يجب أن يقوم على أساس من البحث والتنقيب وأن يعتمد على التحليل دون الظنون والأوهام. ويجب أن لا يغيب عن الذهن أن التنبؤ يخاطب دائماً المستقبل لا الحاضر، أي أنه يخاطب الأمور الغيبية لا القطيعة، فما يتوقعه الإنسان فيه لا يخرج عن كونه تكهناً يحتمل الصدق أو عدمه، ولذلك فإنه يتوقعه الإنسان يجب أن يلاحظ أن التنبؤ قد يندر أن يصدق تماماً بل يوجد دائماً نسبة من الخطأ فيه يجب أن نحسب حسابها ووضعها في الاعتبار، وذلك على عكس الظواهر الطبيعية التي يمكن معرفتها على وجه اليقين كظاهرة دوران الأرض، والجاذبية الأرضية والمد والجزر وكسوف الشمس.

لذلك يكون من الخطأ الاعتماد بأن التنبؤ يقدم نتائج مؤكدة، أو أنه يعطي أجوبة صحيحة كاملة، فهو لا يعطي سوء نتائج وأجوبة صحيحة نسبياً، وعلى ذلك فيجب على واضعي الخطة مراعاة ما يلي:

(1) وجوب أن يكون تقديراتهم وافتراضاتهم دقيقة إلى أبعد حد.

(2) أن يضعوا في حساباتهم نسبة معينة من الخطأ في التنبؤ. بهذه التقديرات وتلك الافتراضات.

العنصر الثاني: الاستعداد للمستقبل

يجب على التخطيط أن يكون قابل للتحقيق أي أكثر واقعية وأن يكون في الوسع تنفيذها، ويتطلب ذلك أن يكون لدى الدولة الوسائل الكافية من الإمكانيات البشرية والمادية لتحقيق هذه الأهداف.

ولذلك يتطلب التخطيط أولاً حصر جميع الموارد والإمكانيات الموجودة بالدولة وتحديد أفضل الطرق في الاستفادة منها، ثم يجب أن يحاط بعد ذلك وتحديد أفضل القائمون على وضع الخطة بحقيقة الثروة القومية مقدرة تقديراً سليماً، وكذلك بالموارد الأجنبية التي يمكن الاعتماد عليها، وعلى الخبرات الفنية والأيدي العاملة اللازمة لإنجاز أهداف الخطة، إذ ليست العبرة في هذا الشأن بالإعلان عن أهداف التخطيط في شعارات رنانة، وإنما بالعبرة باتخاذ كافة الاستعدادات التي تكفل تحقيق وتنفيذ هذه الأهداف حتى تصبح حقيقة مؤكدة في نهاية المدة الزمنية المقررة للخطة.

* عوامل نجاح التخطيط:

(1) صحة البيانات والإحصائيات: حيث يعتمد التخطيط على مجموعة من الافتراضات، وهذه الافتراضات تبنى على أساس مجموعة من البيانات والإحصائيات، ولذلك يجب حتى تصبح الافتراضات واقعية وقابلة للتنفيذ أن تكون الإحصائيات والبيانات صحيحة ودقيقة وصادقة ومعبرة عن الواقع الموجود. إذ لا يجب أن تبنى الخطة على نوع من التنبؤ العشوائي غير المستند إلى

الحقائق الموضوعية، وإلا كان مصيرها التخبط والفشل عن تحقيق الهدف المرسوم.

ومن الواجب أن يكون لدينا حتى نضمن صحة هذه البيانات والإحصائيات ودقتها (جهاز إحصائي متخصص) فيقوم بتزويد القائمين على وضع الخطط بأحدث ما تشير إليه الإحصائيات والبيانات من معلومات.

(2) كفاءة الجهاز الإداري الذي يقوم على تنفيذ الخطة: قد تكون أهداف الخطة واضحة ومحددة، ومن الممكن تحقيقها أي أن تكون واقعية وقابلة للتنفيذ، وتملك الدولة جميع الوسائل المادية ولكنها لا تملك جهازاً إدارياً قوياً لتنفيذ الخطة.

لذلك من الضروري العناية قدر الطاقة بالعنصر البشري للمنظمة الذي يقع عليه عب تنفيذ الخطة، وإعداد هذا العنصر البشري إعداداً علمياً وفنياً.

والذي يجب ملاحظاته في هذا الشأن أن ما تنشوه الدول في الوقت الحالي من المشروعات إنما تتسم غالبيتها بطابع فني جيد وملموس، الأمر الذي يقتضي أن يضع القائمون على التخطيط في اعتبارهم مدى توافر عدد الفنيين اللازمين لإنجاز أهداف هذه المشروعات. فإذا كان هناك ثمة نقص في هذه الخبرات فإن على هؤلاء المختصين إما العمل على إعداد القدر اللازم منهم، وهذا يقضي مرور مدة زمنية معينة، وإما الاستعانة بالخبراء الأجانب في هذا الشأن.

(3) المشاركة في وضع وإعداد الخطة: لا ينبغي أن يكون موضع الخطة مقصوراً على هيئة معينة من هيئات الدولة دون سواها، وإنما يجب أن تشارك كل المنظمات في الدولة في إعداد ووضع ومناقشة الخطة، إذ تؤدي هذه المشاركة إلى الإحساس بالمسؤولية عند تنفيذ الخطة حيث أن القائد أو المدير يكون أكثر قبولاً واستعداداً لتنفيذ الخطة إذا كان قد شارك في إعداد الجزء الذي يقوم على تنفيذه، كما أن مشاركته في هذا الشأن تجعله أكثر إدراكاً لهدف الخطة وأكثر فهماً له، إذ لم تتطلب النتائج المتوقعة مع النتائج الفعلية، وتتم هذه المشاركة عن طريق تقديم الاقتراحات إلى السلطات المختصة أصلاً بوضع الخطة.

كما أن المشاركة في الخطط التي تتم على مستوى المنظمات فإن هذه المشاركة يجب أن تشمل بقدر الإمكان جميع العاملين بها، وذلك في مجال الإعداد والمتابعة والتنفيذ كل في حدود سلطاته ومسؤولياته، وهذه المشاركة من جانب العاملين تحقق ميزتين هما:

1) إمكان الاستفادة بجميع الخبرات الفنية والإدارية الموجودة بالمنظمة في عملية إعداد ووضع الخطة.

2) رفع الروح المعنوية لدى العاملين لإحساسهم بأهمية دورهم في إعداد الخطة، الأمر الذي يدفعهم ويحمسهم على تنفيذ الخطة ويشعرهم بالمسؤولية.

(4) مركزية التخطيط ولامركزية التنفيذ: إن من أهم عوامل نجاح المنظمة أن تتم على أساس مركزي بينما يكون تنفيذها لا مركزي. فلا ريب أن قيام سلطة

عليا بوضع وإقرار الخطة في صورتها النهائية يؤدي إلى حسن الاستفادة من مختلف الموارد المتاحة في الدولة، ويعمل في ذات الوقت على حسن توزيع المشروعات على المناطق المختلفة.

ولا يتعارض مبدأ المركزية في التخطيط مع مبدأ وجود المشاركة في إعداد ووضع الخطة السابق إيضاحها، ذلك أن مركزية التخطيط لا تعني المركزية المطلقة واستئثار السلطات العليا بإعداد الخطة، وإنما المفوض على ما هو حاصل في البلدان الاشتراكية أن يبدأ الأعداد من أسفل صاعداً إلى أعلى، وعند القمة تبلور جميع المشروعات في صورة خطة عامة تصير مركزية وملزمة بالقانون الصادر بها من السلطة المختصة ثم تتجه الخطة مرة ثانية متجهة إلى أسفل في مرحلة التنفيذ، وهذا هو المفهوم السليم لفكرة مركزية التخطيط ولا مركزية التنفيذ.

كما لا تعني المركزية في التخطيط عدم وجود مراكز أو وحدات تخطيط داخل كل وزارة أو منظمة تنشئه لهذه الغرض، وتقوم بعملية التخطيط الجزئي داخل هذه الوحدات الفرعية شريطة أن يجري هذا التخطيط في حدود التخطيط العام للدولة في الأهداف المنشودة التي رسمتها السلطات المركزية.

(5) نشر الوعي التخطيطي الجيد: إن مهمة التخطيط باعتباره أسلوباً لمواجهة المستقبل ليست مهمة أجهزة الدولة وحدها، وإنما هي مهمة يجب أن يساهم فيها كل مواطن ومن ثم فإنه يلزم لنجاح التخطيط نشر الوعي التخطيطي لدى كافة المواطنين فضلاً عن نشره لدى العمال في أجهزة الإدارة العامة، وذلك

حتى يشعر كل مواطن وكل عامل بأهمية الخطة وأهدافها ومدى دوره في تحقيق هذه الأهداف، وحتى يسهم كل منهم بدوره عن اقتناع وإيمان في تنفيذها.

إن نشر الوعي التخطيطي يستلزم بطبيعة الحال وجود أجهزة نشطة للقيام بعملية الوعي والتوجيه، ويكون ذلك عن طريق الندوات والصحف ووسائل الإعلام المختلفة كالإذاعة السمعية المرئية كالتلفزيون والإذاعة غير المرئية كالمذياع.

* أنواع التخطيط الإداري:

أولاً: التخطيط من حيث تحديد الغاية أو الوسيلة

ويشمل على تخطيط هدفي وتخطيط إداري كما يلي:

أ) التخطيط الهدفي: هو التخطيط الذي يرسم السياسة العامة ويحدد الأهداف المراد تحقيقها.

ب) التخطيط الإداري: وهو التخطيط الذي يقتصر فقط على تحديد وسائل التنفيذ، وذلك بعد سبق تحديد الأهداف بواسطة السلطات المختصة، فيتضمن التخطيط الإداري بصفة عامة وضع الخطط تتعلق بالعمليات الإدارية مثل التدريب والإعداد وتعبئة القدرات الفنية والابتكارية وإعداد القيادة الإدارية.

يتعدى التخطيط الإداري تحديد الأهداف بصورة تفصيلية إذا كانت السلطات المختصة قد سبق وحددت هذه الأهداف بصورة عامة أو غامضة.

ثانياً: التخطيط من حيث النطاق المكاني

يقسم هذا النوع إلى نوعين أساسين هما التخطيط القومي، والآخر التخطيط الإقليمي وإليكم الشرح:

(1) التخطيط القومي: وهو التخطيط الذي يتم على نطاق الدولة كلها، ومن ثم فهو يمتد ليشمل جميع أقاليمها، سواء اتخذت هذه الدولة شكل الدولة الاتحادية (أي المركبة) أو شكل الدولة الموحدة (أي البسيطة) ويشمل هذا التخطيط:

أ) التخطيط القومي الشامل: والذي يستهدف إحداث تغيرات جذرية في مختلف النواحي الاقتصادية والإدارية والاجتماعية والثقافية في الدولة، وذلك بغية تحقيق النتيجة الشاملة في جميع هذه القطاعات، وهذا التخطيط الشامل يطلق عليه (التخطيط الهيكلي)، أما خصائص التخطيط القومي ما يلي:

1) يمتد ليشمل جميع صور النشاط الاجتماعي والإداري والاقتصادي والثقافي للدولة مستهدفاً التنمية الكلية والشاملة في جميع القطاعات السابقة.

2) تتبلور جميع الخطط التي يتم إعدادها سواء عن طريق السلطات المركزية أو الإقليمية في خطة عامة واحدة تشمل الدولة كلها.

3) يتضمن تخطيط تفصيلي للخطط الفرعية المنبثقة عنها لمختلف الوحدات والقطاعات.

4) يتضمن تخطيط إلزامي لكافة الوحدات والقطاعات.

ب) التخطيط الجزئي: يتميز بأنه لا يهدف إلى إحداث تغييرات جذرية في نشاطات الدولة أو في كافة قطاعاتها، بل تهدف إلى إحداث تغيير في جزء من نشاطها في قطاع معين، كأن يتعلق ذلك بالقطاع الصناعي أو الزراعي أو التجاري أو الثقافي.

(2) التخطيط الإقليمي: وهو التخطيط الذي يتناول رقعة جغرافية معنية داخل الدولة أو إقليم معين من أقاليمها، وتلجأ الدولة إلى هذا النوع من التخطيط عند محاولة تعمير مناطق جديدة أو تطويرها.

ثالثاً: التخطيط من حيث المدى الزمني

يقسم إلى ثلاثة أنواع وهي:

(1) الخطط طويلة الأجل: وهي الخطط التي تصل مدة تنفيذها عادة إلى عشر سنوات أو أكثر، وتتميز هذه الخطط بأنها تحدد الأهداف الرئيسية دون الدخول في الأهداف التفصيلية أو رسائل التنفيذ، وهذه الخطط هي التي يعتمد عليها التخطيط الشامل لمرونتها.

(2) الخطط متوسطة الأجل: وهي التي تمتد مجالها الزمني لفترة تبدأ عادة من ثلاث سنوات إلى سبع سنوات، وهذه الخطط تكون غالباً منبثقة عن الخطة طويلة الأجل وتنفيذاً لأهدافها.

(3) الخطط قصيرة الأجل: وهي التي يمتد مجالها الزمني لفترة قصيرة قد تكون سنتين أو سنة، ويستهدف هذا النوع من التخطيط التغلب على أزمة من الأزمات التي تواجه الدولة وبصفة خاصة في المجال الاقتصادي، ولذلك فهي خطط مؤقتة.

* مزايا التخطيط:

والتخطيط ينطوي على كثير من المزايا يمكن إيجازها فيما يلي:-

(1) يساعد التخطيط على تحديد الأهداف المراد الوصول إليها بحيث يمكن توضيحها للعاملين، مما يسهل تنفيذها.

(2) يساعد التخطيط على تحديد الإمكانات المادية والبشرية اللازمة لتنفيذ الأهداف.

(3) يساعد التخطيط في التنسيق بين جميع الأعمال على أسس من التعاون والانسجام بين الأفراد بعضهم البعض وبين الإدارات المختلفة ما يحول دون حدوث التضارب أو التعارض عند القيام بتنفيذ هذه الأعمال.

(4) يعتبر التخطيط وسيلة فعالة في تحقيق الرقابة الداخلية والخارجية على مدى تنفيذ الأهداف.

(5) يحقق التخطيط الأمن النفسي للأفراد والجماعات، ففي ظل التخطيط يطمئن الجميع إلى أن الأمور التي تهمهم قد أخذت في الاعتبار.

(6) يتناول التخطيط محاولة توقع أحداث مما يجعل الإدارة في موقف يسمح لها بتقدير ظروف في ذلك المستقبل وعدم ترك الأمور المحض الصدفة.

(7) يساعد التخطيط على تحقيق الاستثمار الأفضل للموارد المادية والبشرية مما يؤدي إلى الاقتصاد في الوقت والتكاليف.

(8) يساعد التخطيط في تنمية مهارات وقدرات المديرين عن طريق ما يقومون به من وضع للخطط والبرامج.

* مسؤولية التخطيط:

(1) [تخطيط طويل الأجل] ـ المستويات العليا ـ رسم السياسيات والأهداف العامة ـ تحديد الأهداف المطلوب تحقيقها.

(2) [تخطيط متوسط الأجل] ـ المستويات الوسطى ـ ترجمة الأهداف إلى برامج عمل ـ تحديد الإمكانات المادية والبشرية اللازمة لتحديد الهدف.

(3) [تخطيط قصير الأجل] ـ المستويات الإشرافية ـ تحويل الخطط والبرامج العامة إلى برامج عمل تفصيلية.

* مقومات التخطيط:

تتضمن عملية التخطيط الإداري عددًا من المقومات الأساسية تتمثل في تحديد الأهداف، التنبؤ، السياسات والبرامج، والإجراءات، وأخيرًا بلورة طرق العمل ونقصد به الوسائل والإمكانات.

أولاً: الأهداف:

الأهداف هي النتائج المطلوب تحقيقها في المستقبل، وإذا كان المطلوب هو تحقيق هذه النتائج في المستقبل البعيد فإنها تسمى غايات وأهدافًا استراتيجية، أما إذا كان تحقيقها في الأجل القصير فإنها تسمى أهدافاً تكتيكية.

العوامل الواجب توافرها في الأهداف:

1. **درجة الوضوح:**

ووضوح الهدف يحقق مجموعة من المزايا:

- المساعدة على توحيد جهود الجماعة لتنفيذ الأهداف.

- مساعدة إدارة المنظمة في القيام بوظائفها الأخرى.

-المساعدة على تنسيق العمل بين الأفراد والأقسام بشكل واضح ومحدد.

2. **القناعة بالهدف:**

كلما زادت قناعة العاملين بالهدف كلما كانت درجة حماس العاملين نحو تحقيق عالية.

3. الواقعية في الهدف:

والواقعية في الهدف تقوم على الأسس التالية:

- أن يكون الهدف الممكن الوصول إليه وليس شيئًا مستحيلاً.

- أن تتوافر الإمكانات المادية والبشرية بدرجة تساعد على تحقيق الهدف.

- أن يكون الهدف معبراً عن حاجات العمل وموجهاً إلى تحقيقها كما هو الحال بالنسبة لرغبات وحاجات العاملين، ويعمل على إشباعها.

4. التناسق والانسجام:

يجب أن تكون الأهداف الموضوع متناسقة مع بعضها البعض بحيث يسهل تنفيذها.

5. مشروعية الهدف:

يقصد به مدى ملاءمته للقيم والمثل والتقاليد المرعية في المجتمع، وكذلك مراعاته للأنظمة واللوائح والسياسات الحكومية المعمول بها.

6. القابلية للقياس:

إن وجود مقاييس للأهداف يتيح للإدارة التأكد من مدى تحقيق أهدافها، وهل يتم التنفيذ وفقا لما هو مخطط له أم أن هناك انحرافات في الأداء.

وقد تخضع الأهداف للمقاييس التالية:

(أ) مقياس زمني: أي تحديد فترة زمنية محددة لإنهاء العمل المطلوب.

(ب) مقياس كمي: أي تحديد الكمية التي يراد تنفيذها خلال فترة معينة.

(ج) مقياس نوعي: وهو تحديد النوعية التي يجب أن يظهر عليها الأداء خلال فترة التنفيذ.

ثانيًا: التنبؤ:

التنبؤ نشاط ذهني مرتبط بوجود النشاط الإنساني، وهو نتيجة لارتباط النشاط والإنساني بعنصر الوقت، ويعرف التنبؤ بأنه التوقع للتغيرات التي قد تحدث مستقبلاً ، تؤثر بأسلوب مباشر أو غير مباشر على النشاط.

الأمور التي يجب أن تراعى في التنبؤ:

(1) أن يكون التنبؤ دقيقاً قدر الإمكان.

(2) أن تكون البيانات والمعلومات التي يعتمد عليها التنبؤ حديثة.

(3) أن يكون التنبؤ مفيدًا، أي يمكن استخدامه في حل المشكلات.

(4) غير مكلف: ـ فلا تفوق التكاليف الفائدة الاقتصادية المرجوة منها.

(5) أن يكون واضحًا.

ومهما كان التنبؤ دقيقًا فلن يصل إلى حد الصحة الكاملة في جميع الأمور.

ثالثًا: السياسات:

هي مجموعة المبادئ والقواعد التي تحكم سير العمل والمحددة سلفا بمعرفة الإدارة، والتي يسترشد بها العاملون في المستويات المختلفة عند اتخاذ القرارات والتصرفات المتعلقة بتحقيق الأهداف، وهناك فرق بين السياسة والهدف، فالهدف هو ما نريد تحقيقه، أما السياسية فهي المرشد لاختيار الطريق الذي يوصل للهدف.

وتعتبر السياسيات بمثابة مرشد للأفراد في تصرفاته وقراراتهم داخل المنظمة فهي تعبر عن اتجاهات الإدارة في تحديد نوع السلوك المطلوب من جانب الأفراد أثناء أدائهم لأعمالهم.

مهم جداً:

ويرتبط التخطيط بالسياسية، ذلك أن التخطيط غالباً ما تكون نتيجة التغير في السياسات أو نظم العمل أو الإجراءات، وذلك بقصد الوصول إلى الهدف المنشود بأحسن الوسائل وبأقل تكلفة.

رابعًا: الإجراءات:

هي بمثابة الخطوات المكتبية والمراحل التفصيلية التي توضح أسلوب إتمام الأعمال وكيفية تنفيذها، والمسؤولية عن هذا التنفيذ والفترة الزمنية اللازمة لاتمام هذه الأعمال.

فهي إذن خط سير لجميع الأعمال التي تتم داخل المنظمة لإتمام هذه الأعمال، فمثلا إجراءات التعيين في الوظيفة تتطلب مجموعة من الخطوات والمراحل التي يجب على طالب الوظيفة أن يمر بها بدءًا من تعبئة نموذج الوظيفة وإجراءات الامتحانات والمقابلات إلى صدور قرار التعيين من الجهة المعنية.

خامسًا: تدبير الوسائل والإمكانات:

إن الأهداف الموضوعة والسياسات والإجراءات المحددة لتنفيذ هذه الأهداف لا يمكن أن تعمل دون وجود مجموعة من الوسائل والإمكانات الضرورية لترجمة هذه الأهداف إلى شيء ملموس فهي ضرورية لإكمال وتحقيق الأهداف.

* المعايير التي يجب مراعاتها عند تحديد وسائل الخطة وإمكاناتها:

(1) الدقة في تحديد الاحتياجات.

(2) الواقعية: يجب أن تراعي الخطة الإمكانات الفعلية والمتوافرة في حينها.

(3) تحديد المصدر: يفضل أن يقوم المخطط بتحديد المصدر الذي سوف يُستعان به في توفير احتياجات الخطة سواء كانت احتياجات مادية أو بشرية.

(4) الفترة الزمنية.

(5) التكلفة المالية التقديرية.

* إعداد الخطة:

إن إعداد الخطط ليس عملاً سهلاً يمكن القيام به في أي وقت وتحت أي ظروف، بل هو عمل ذهني شاق يتطلب بذل جهود كبيرة م الجهة المسؤولة عن وضع الخطط، والإلمام بجوانب عديدة عن المشكلة التي يراد التوصل إليها، وتوفير الإمكانات المادية والبشرية اللازمة لوضع الخطة ، إن مراعاة تحري الدقة في تحديد جوانب الخطة مسألة حيوية يجب أخذها في الاعتبار عند العزم على إعداد أي خطة، واللجوء إلى الأساليب العلمية في إعداد الخطة والاستفادة قدر الإمكان مما هو متوافر لدى المخطط من المعلومات وبيانات ووسائل وإمكانات مادية وبشرية، وذلك للوصول إلى درجة عالية من الكفاءة والفاعلية في المراحل التي تمر بها الخطة بدءًا من الإعداد والإقرار إلى التنفيذ والمتابعة.

العوامل والاعتبارات التي يجب مراعاتها عند وضع الخطة:

(1) الوضوح.

(2) المرونة.

(3) المشاركة في وضع الخطة.

مشاركة العاملين في المنظمة شيء ضروري وأساسي لضمان درجة عالية من النجاح عند التنفيذ.

(4) مراعاة الجانب الإنساني:

يجب على المخطط وهو يضع الخطة أن يتذكر دائمًا أنه يتعامل مع عنصر بشري، ذلك لأن التنفيذ يتم بواسطة أفراد لهم مجموعة من العواطف والمشاعر، والاستعدادات ولهم دور بارز في إتمام العمل.

(5) دقة المعلومات والبيانات:

إن البيانات الصحيحة والمعلومات الدقيقة هي الأساس الذي تبني عليه الخطة، وعلى أساسها يتم تحديد الإمكانات المادية والبشرية اللازمة، للخطة والوقت المناسب لتنفيذها والصورة التي سيكون عليها الوضع عند التنفيذ من النواحي الاقتصادية الاجتماعية والسياسية كافة.

(6) الإعلان عن الخطة:

والهدف من إعلان الخطة هو وضع العاملين أو المواطنين في الصورة الحقيقية للأسس التي قامت عليها الخطة والأهداف التي تتوخى تحقيقها.

مراحل إعداد الخطة:

أولاً: مرحلة الإعداد وتشمل:

(1) تحديد الأهداف.

(2) جمع وتحليل البيانات والمعلومات، وذلك بقصد تحليلها ودراستها لمعرفة الأوضاع الحالية والمتوقعة.

(3) وضع الافتراضات والإجابة عن كل التساؤلات.

(4) وضع البدائل وتقويمها.

(5) اختيار البديل الأنسب.

(6) تحديد الوسائل والإمكانات اللازمة.

ثانياً: مرحلة الإقرار، أو الموافقة على الخطة

بعد انتهاء المرحلة السابقة تصبح الخطة جاهزة للتطبيق الفعلي،ولكن هذا لا يتم إلا بعد إقرارها من الجهات المختصة، والتي تعطي الإذن بالعمل بموجب هذه الخطة.

ثالثاً: مرحلة التنفيذ

بعد الموافقة على الخطة نبدء في حيز التنفيذ.

رابعًا: مرحلة المتابعة

تعتبر مرحلة متابعة الخطة من أهم المراحل في عملية التخطيط، إذ لا ينتهي عمل المخطط بوضع الخطة بل يجب عليه أن يتأكد من تنفيذها وملاحظة أية انحرافات في الخطة والعمل على تلافيها.

والبحث عن أسباب الانحراف يكون بـ:

(1) مراجعة الخطة نفسها.

(2) مراجعة التنفيذ.

(3) الظروف الخارجية.

* معوقات التخطيط:

(1) عدم الدقة في المعلومات والبيانات

(2) اتجاهات العاملين كثيرًا ما تحدث اتجاهات السلبية نحو الخطة أثـرًا كبـيرًا في عرقلـة مسيرتها.

(3) عدم صحة التنبؤات والافتراضات.

(4) إغفال الجانب الإنساني يؤدي إلى تجاهل الخطة للعامل الإنساني إلى مقاومـة هـؤلاء العاملين للخطة ووضع العراقيـل في طريـق تنفيـذها، مـما قـد يـؤدي إلى فشـلها في تحقيق أهدافها.

(5) الاعتماد على الجهات الأجنبية في وضع الخطة.

(6) القيود الحكومية.

(7) عدم مراعاة التغير في الواقع.

(8) أسباب متعلقة بعدم مراعاة اتباع خطوات التخطيط.

هوامش ومراجع الفصل الأول

(1) شيحا، إبراهيم عبد العزيز، (1993). الإدارة العامة للعملية الإدارية، (ط2). دار الحامد للنشر والتوزيع. عمان – الأردن.

(2) Trorrington, D and Hall, L. (1998), Human Resource Management, (4th ed). London: Prentice Hall Europe.

(3) زويلف، مهدي حسن، (1984). مبادئ الإدارة: نظريات ووظائف، كلية الاقتصاد والعلوم الإدارية. عمان- الأردن.

(4) القريوتي، محمد، (2001). مبادئ الإدارة- النظريات والعمليات والوظائف، (ط1). دار وائل للنشر والتوزيع ودار صفاء للنشر والتوزيع. عمان-الأردن.

(5) Richar, Daft, (2004). Organization Theory & Desion thed. U.S.A.

(6) WWW.alamothagaf.com

الفصل الثاني

تخطيط الموارد البشرية

تمهيد:

تحتاج أي منظمة إلى موارد بشرية تؤدي من خلالها النشاط الذي تقوم به، وعليه يجب أن تقوم المنظمة بتجديد احتياجاتها من أعداد ونوعيات مختلفة من الموارد البشرية.

وحسن تحديد النوعيات والأعداد المناسبة من العمالة يكفل القيام بالأنشطة على خير وجه وبأقل تكلفة. أما سوء هذا التحديد فيعني وجود عمالة غير مناسبة في الأعمال والوظائف، ووجود أعداد غير مناسبة منها أيضًا، مما يؤدي في النهاية إلى اضطراب العمل، وزيادة تكلفة العمالة عما يجب أن تكون.

ويعتمد تخطيط الاحتياجات من الموارد البشرية على مقارنة بسيطة بين ما هو مطلوب من العمالة وبين ما هو معروض منها داخل المنظمة.

فإذا كانت نتيجة المقارنة هو وجود فائض في عمالة المنظمة وجب التصرف فيهم [التخلص منهم]، أما إذا كانت النتيجة هي وجود عجز فإنه يجب توفيره.

* ماهية تخطيط الموارد البشرية:

تخطيط الموارد البشرية هو محاولة لتحديد احتياجات المنظمة من العاملين خلال فترة زمنية معينة، وهي الفترة التي يغطيها التخطيط وهي سنة في العادة. وباختصار فإن تخطيط الموارد البشرية يعني أساسًا تحديد أعداد ونوعيات العمالة المطلوبة خلال فترة الخطة.

* أهمية تخطيط الموارد البشرية:

(1) يساعد تخطيط الموارد البشرية على منع ارتباكات فجائية في خط الإنتاج والتنفيذ الخاص بالمشروع.

(2) يساعد تخطيط الموارد البشرية في التخلص من الفائض وسد العجز.

(3) يتم تخطيط الموارد البشرية قبل الكثير من وظائف إدارة الأفراد.

(4) يساعد تخطيط الموارد البشرية على تخطيط المستقبل الوظيفي للعاملين حيث يتضمن ذلك تحديد أنشطة التدريب والنقل والترفيه.

(5) يساعد تحليل قوة العمل المتاحة على معرفة أسباب تركهم للخدمة أو بقائهم فيها ومدى رضائهم عن العمل.

من يخطط للموارد البشرية؟

يقع عبء التخطيط للموارد البشرية داخل المشروع إما على إدارة الأفراد وشؤون العاملين [الشؤون الإدارية]، أو على وحدات الإنتاج والتنفيذ الأساسية في المشروع.

* تحليل المطلوب من العمالة:

تتضمن هذه الخطوة تحديد العاملين المطلوبين وذلك بالتنبؤ بالموارد البشرية المطلوبة من حيث العدد والنوعية والكفاءة.

أولاً: العوامل المؤثرة في التنبؤ بالعمالة:

(1) تحديد الوظائف المطلوبة:

على المديرين التنفيذيين أن يسألوا أنفسهم ما إذا كانت الوظائف المقررة مثلاً في الخطة الحالية مطلوب القيام بها؟ وهل يمكن الاستغناء عن بعض الوظائف؟ وهل يمكن دمج بعض الوظائف معًا؟ وهل يمكن توزيع اختصاصات وظيفة معينة على أكثر من وظيفة أخرى؟ وهل يمكن اختصار العمل؟ وهل يمكن الاستغناء عن بعض الإجراءات والنماذج؟

وعلى المديرين أن يضعوا نصب أعينهم مدى الوفر في الجهد والتكاليف التي يمكن تحقيقها جراء ذلك.

(2) التأكد من أن تحديد المقررات الوظيفية تم بطريقة سليمة:

وذلك من خلال بعض الدراسات والأساليب في هذا المجال، ومن أمثلتها ما يلي:

- دراسات العمل و الأساليب.
- المقارنة مع أقسام أو مصانع أو إدارات أخرى متشابهة.

- دراسة مدى التطور في إنتاجية العاملين وأثرها في عددهم المطلوب.

- دراسة مدى كفاءة الآلات والأساليب الفنية على عدد العاملين المطلوب.

(3) التأكد من أن من يشغل الوظائف قادر على أدائها:

يؤدي عدم امتلاك العاملين للمهارات والقدرات اللازمة لأداء وظائفهم إلى انخفاض الإنتاجية، الأمر الذي يلزم تعويضه من خلال تعيين مزيد من العاملين في نفس الوظيفة، ويؤدي الأمر إلى تكدس أعداد من العاملين لا لزوم لهم لأداء عمل معين.

وتؤدي عمليات الترقية إلى الوظيفة أو النقل لها إلى نفس الأثر أحياناً إذا لم يكن الموظف الذي تم ترقيته أو نقله غير مكتسب للمهارات والقدرات المطلوبة.

(4) تحديد تأثير الموقع في حجم الإنتاج:

يجب أن تدرس خطة العمل أو خطة الإنتاج أو مشروعات التنفيذ المدرجة في خطة العام الجديد، أو الميزانية لمعرفة مدى التطور الواجب في هيكل العمالة من حيث نوعيتهم وأعدادهم.

(5) تحديد تأثير التغيير المتوقع في تكنولوجيا الإنتاج:

هناك مستوى تكنولوجي عالي يمكنه أن يحل محل العاملين، وعلى الشركة أن تأخذ قرارها بناء على العائد والتكلفة وسياسة الدولة.

(6) تحديد تأثير التغيير المتوقع في الهيكل الوظيفي:

يأتي على المنظمات فترات لتغيير التنظيم فيها، كأن يتم دمج أقسام، أو تصفية أقسام بكاملها، أو إذابة عمل قسم في قسم آخر، أو صنع قسم جديد من قسم قديم وصنع وظائف جديدة، والاستغناء عن وظائف أخرى.

(7) تحديد تأثير الاستثمارات الجديدة:

تسعى المنظمات الناجحة إلى تصميم خطط استراتيجية وخطط طويلة الأجل لمستقبلها تشرح الاتجاهات المتدفقة للمشروع، وترسم صورته في المستقبل، ونوع المنتجات،وجودتها، وطبيعة علاقتها بالسوق والمنافسين، والمستهلكين، وتشرح أيضًا أهم الاستثمارات الرأسمالية، والتحولات التكنولوجية.

ثانيًا: طرق التنبؤ بالعمالة المطلوبة:

هناك طرق عديدة للتنبؤ بالعمالة المطلوبة:

(1) تقدير الخبراء والمديرين:

وتعتبر هذه الطريقة أبسط الطرق، حيث يطلب من المديرين أن ينظروا إلى الماضي، ويدرسوا تطور حجم العمالة عبر السنوات،ثم ينظروا إلى المستقبل في محاولة للتعرف على شكل المشروع، وبناءً على ذلك يستخدمون حدسهم الشخصي- في تحديد حجم العمالة في المنظمة ككل، وفي كل قسم على حدة.

(2) نسب العمالة إلى الإنتاج والمبيعات:

هنا تقوم الإدارة العليا بربط حجم العمالة بأحد العناصر ذات العلاقة القديمة بها، ومن أمثلة العناصر المرتبطة بحجم العمالة حجم المبيعات وحجم الإنتاج.

(3) التقدير بواسطة وحدات العمل والإنتاج:

يقوم مديرو الأقسام ووحدات العمل، بداية من أدنى المستويات التنظيمية بتقدير احتياجاتهم من العمالة خلال الخطة المقبلة.

(4) تحليل عبء العمل في المستقبل:

يقوم المديرون بإجراء هذا التحليل لكل وظيفة على حدة، ويتحدد ذلك بمعرفة كل من عبء العمل الإجمالي في كل وظيفة، وعبء العمل الذي يستطيع أن يقوم به الفرد العادي داخل الوظيفة، وفق المعادلة التالية:

عدد العاملين بالوظيفة = عبء العمل الإجمالي في الوظيفة ÷ عبء العمل الذي يقوم به الفرد

* أهداف تخطيط الموارد البشرية:

(1) التعرف على مصادر القوى العاملة ودراستها وتقييمها بهدف تحديد أسلوب الاستفادة المثلى منها في تنفيذ خطة الموارد البشرية من حيث العدد والنوع.

(2) التعرف على الوضع القائم للموارد البشرية بصورة تفصيلية تمكن من تحديد المعالم الواقعية لقوى العمل المتاحة.

(3) التعرف من واقع هذه البيانات والمعلومات المشار إليها على المشاكل التي تحد من الاستخدام الرشيد لقوة العمل الحالية والمتاحة والممكنة في الحاضر والمستقبل.

(4) محاولة وضع مجموعة من الحلول العملية لكل أو معظم هذه المشكلة في الوقت الحاضر مع ضرورة مراعاة الحل التدريجي لما تبقى منها في المستقبل وضمان عدم تكرارها مع ضرورة التركيز على إيجاد الحلول المناسبة لمشكلتي البطالة المقنعة والعجز في فئات العاملين.

(5) التنبؤ بإعداد ونوعيات القوى العاملة اللازمة لمختلف الأنشطة بالمنشأة خلال فترة زمنية مناسبة في المستقبل.

(6) تحديد معالم سياسات مخطط التعيين والتدريب اللازمة لضمان الوصول إلى مستوى التشغيل الاقتصادي السليم والمستمر داخل المنشأة.

* فوائد تخطيط الموارد البشرية:

(1) إتاحة الفرصة أمام المنشأة لمراجعة وتطوير سياسات وإجراءات وتطبيقات العمالة فيما يتعلق بالاحتياجات والاختيار والتعيين والتدريب والتنمية وتنظيم العمل والحوافز والمكافآت في شكل بنود تكلفة توضح قبولها وفاعليتها.

(2) إتاحة الفرصة للمنشأة لتحديد أهدافها وخططها بدقة من خلال إمكانية توجيه هذه الخطط إلى ما يأتي:

ما هو العمل المطلوب.

وبواسطة من سيتم إنجازه.

وبأي المعايير سيتم إنجازه.

(3) إتاحة الفرصة أمام المنشأة لمراجعة مواءمة هيكلها التنظيمي وهيكل الوظائف فيها.

(4) إتاحة الفرصة أما المنشأة للحصول على ما تحتاجه عن عمالة لتحقيق أهدافها في المستقبل حتى تصل إلى الاستخدام الأمثل للعمالة المتاحة مع ضمان فاعلية ورضاء العاملين.

(5) إتاحة الفرصة أمام المنشأة للاستفادة من المصادر البشرية المتاحة لها، وخاصة هؤلاء الذين يؤدون أعمالاً لا تتوافق مع قدراتهم.

(6) التخلص أو الحد من ظاهرتي البطالة المقنعة والعجز في بعض فئات العاملين بما يضمن تحقيق خطة الإنتاج المرجوة بأقل تكلفة ممكنة.

*** الشروط الواجب توافرها في تخطيط الموارد البشرية في المنشأة:**

(1) إن تخطيط القوى العاملة ليس مجرد جداول بالأهداف والأرقام المستقبلية أو المتوقع حدوثها، وإنما هو تصور كمي ووصفي لما سيكون عليه قوة العمل في المستقبل من حيث الكم والنوع والسلوك.

(2) إن تخطيط القوى العاملة جزء أساسي لا يتجزأ من التخطيط الشامل للمنشأة.

(3) إن تخطيط الموارد البشرية جزء أساسي من نظام تنمية الموارد البشرية على مستوى المنشأة وهو يمثل العملية الأولى في هذا النظام.

(4) لا بد وأن يأخذ تخطيط الموارد البشرية في الاعتبار التغيرات التي تحدث في درجات ونوعيات الوظائف والأعمال والتي تتعلق بمدى تأثر المنشأة بعوامل البيئة الداخلية والخارجية.

(5) يجب عدم إغفال معايير العمل الحالية لتأثيرها الكبير على المعايير المستقبلية.

(6) يعتبر التحديد الدقيق المسبق لوظيفة وعمل كل فرد في المنشأة، وكذلك تحديد أهداف كل إدارة أو قسم بها متطلب حتمي لضمان تخطيط سليم ومتكامل للقوى العاملة بالمنشأة.

(7) يرتبط التخطيط للموارد البشرية بالعرض المتاح من القوى العاملة (الأفراد الراغبين في العمل والقادرين عليه والباحثين عنه) في المنطقة المحيطة بالمنشأة وبالقيود المفروضة في هذه المنشأة.

* مراحل تخطيط الموارد البشرية:

1. الطلب على المورد البشري:

تقوم الشركات التي تنظر إلى المدى البعيد بتحليل دقيق لاحتياجاتها من القوى العاملة، وتأخذ بالاعتبار المدى البعيد في تطوير وتنمية القوى العاملة فيها.

إن نتائج هذا التحليل يجب أن يـزود الشركة ببرنـامج زمنـي بمـدى احتياجاتهـا مـن الأفراد بحيث تتحدد فيه:

1) الوظائف التي تحتاج المنشأة من أجلها إلى مستخدمين جدد.

2) المهارات التي تحتاج إليها شاغلو هذه الوظائف.

3) الإمكانات الواجب توفرها في الموظفين الجدد من أجل تـرقيتهم في المسـتقبل إلى وظائف أعلى.

إن الحاجة إلى الطلب على القوى العاملة في المنظمة يتأثر بالعوامل التالية:

(أ) دورات العمل والتي تعني نسبة ترك العاملين في المنظمة لوظـائفهم أو أعمالهـم ومن ثم إعادة تعيين غيرهم ليحلوا محلهم.

(ب) طبيعة وتركيب القوى العاملة والتي تعني أن طبيعة القوى العاملة للمنظمـة أو الشركة وعلاقتها بالحاجات المتغيرة تؤثر في متطلبات المنظمة واحتياجاتهـا لقـوى عاملة جديدة.

(ج) معدل نمو وتطور المؤسسة إن العامل الثالث يـؤثر في حاجـة المؤسسـة إلى أيـدي عاملة جديدة وهو معدل نموها وتطورها.

يجب تقدير حجم ونوعية الطلب المتوقع على الموارد البشرية مستقبلاً داخل المنظمة أو المؤسسة ويكون ذلك باتباع ما يأتي:

1) حصر عدد وأنواع الأعمال المطلوبة، حيث يحتاج العمل إلى نشاط تندرج تحته أنواع كثيرة من العاملين والوظائف.

وهنا الحصر يجب ألا يتوقف على ذلك بل يمتد إلى حصر الوظائف غير الإدارية التي تحتاجها الأنشطة الرئيسية والفرعية.

2) تقدير حجم ونوعية الموارد البشرية اللازمة للأعمال المطلوبة، حيث يقوم المخطط بتقدير حاجة كل وظيفة من الوظائف التي تم تحديدها من الأفراد من حيث العدد والتخصص.

2. عرض الموارد البشرية:

والذي يتعلق بدراسة وتحليل ما يتوافر لدى المنظمة (المنشأة) من قوى عاملة، وما يتوافر في أسواق العمالة في ضوء الاحتياجات التي تم تحديدها، ويطلق على عملية دراسة وتحليل ما يتوافر حالياً لدى المنشأة من قوى عاملة بمخزون المهارة، وتشتمل تلك العملية على ثلاثة عناصر رئيسية كما يلي:

1) تحديد عدد العاملين حالياً في المنشأة ويشمل تحديد كافة ما لديهم من مهارات وقدرات وخبرات وتدريب... الخ.

2) تحليل طبيعة الأعمال داخل المنشأة للتأكد من المهارات والقدرات المطلوبة للقيام بالعمل.

3) التأكد من توافق العاملين مع ما يقومون به من أعمال وعادتاً يتم الحصول على المعلومات الخاصة بالأفراد العاملين في المنشأة من خلال المصادر التالية:

(أ) طلبات الاستخدام.

(ب) تقارير تقييم الأداء.

(ج) قوائم وسجلات ومستندات الأجور والرواتب.

العوامل المحدد في سوق العمل تشمل ما يلي:

1) المهارة المتوفرة.

2) الظروف الاقتصادية.

3) مدى جاذبية المنشأة للمورد البشري.

4) مواقف واتجاهات المجتمع نحو الصناعة/العمل/الإدارة... الخ.

3. مقارنة احتياجات المنشأة المستقبلية مع العرض المتوقع من القوى العاملة

وتتم هنا المقارنة لطلب المنشأة على القوى العاملة مع العرض المتوقع لهذه القوة العاملة، وفي ضوء نتيجة المقارنة يتم اتخاذ سلسلة من القرارات والسياسات لمعالجة نتيجة هذه المقارنة، فإذا كان الطلب أكبر من العرض فإن المنشأة تلجأ لسد النقص من القوى العاملة عن طريق:

1) توظيف عاملين جدد.

2) تشغيل العاملين وقتاً إضافياً.

3) إحلال الآلات بدل الأيدي العاملة إذا أمكن.

4) اللجوء إلى العمالة الخارجية.

5) عدم قدرة المنشأة على توفير المطلوب من القوى العاملة هو تعديل أهداف المؤسسة بالنسبة للتوسعات والنمو بشكل يتلاءم مع سوق العمل.

أما في حالة كون الطلب أقل من العرض فتلجأ المنشأة إلى:

1) تسريح العاملين.
2) الإحالة على التقاعد.
3) نقل العاملين من عمل إلى آخر.
4) إعادة تدريب العاملين.
5) تخفيض ساعات العمل.
6) شطب العمل الإضافي.
7) منح إجازات طويلة الآجل نسبياً.

4. تقييم ومتابعة تنفيذ خطة الموارد البشرية:

وهي من المرحلة الرابعة من مراحل تخطيط الموارد البشرية وتشمل على متابعتها بصورة مستمرة ودورية لتصحيح الانحرافات أولاً بأول، وتهدف متابعة وتقييم الخطة إلى الإجابة على الأسئلة التالية:

(أ) ما مدى كفاءة الخطة حتى الآن في تنفيذ أهداف المنشأة؟

(ب) ما الذي يجب أن نغيره في الخطة؟

(ج) هل الخطة فعالة من حيث التكلفة والعائد؟

(د) ما هي انعكاسات الخطة على كل من المنشأة والعاملين؟

ويجب أن يتوافر الخصائص التالية في نظام الرقابة والتقييم الذي سوف يتبع ما يلي:

(أ) المرونة الكافية لمواجهة أي متغيرات قد تحدث.

(ب) الارتباط بخطط وأهداف المنشأة.

(ج) الارتباط بأوضاع المنشأة الداخلية المالية والإدارية.

(د) المساعدة في اكتشاف الانحراف في تنفيذ الخطة ومعالجته.

* معلومات الأفراد:

يفيد معلومات الأفراد في المنشأة بما يلي:

(1) توفر معلومات عن تحركات كافة العاملين داخل المنشأة مثل النقل/ الترقية/ وخارجها مثل الاستقالة والتقاعد.

(2) المساعدة في اتخاذ القرارات التي تتعلق بكيفية توزيع القوى العاملة وتوزيع الأعمال والمهام عليها.

(3) المساعدة في تقييم وظائف ومهام إدارة الأفراد في المنشأة.

(4) التأكد من ملاءمة ما تدفعه المنشأة من أجور ورواتب مع قدرات العاملين وإمكاناتهم.

(5) الإسهام في تحديد الاحتياجات التدريبية الفعلية، ويشمل بيانات معلومات الأفراد على ما يلي:

(أ) بيانات خاصة بالتاريخ والتطور المهني للفرد.

(ب) بيانات خاصة بالقدرات والإمكانات والتدريب والمهارات الفردية.

(ج) بيانات خاصة بالأجر أو الراتب والمكافآت والعلاوات والحوافز والزيادات والعقوبات.

(د) بيانات خاصة عن تقارير قياس الأداء ونتائجها.

(ه) بيانات خاصة بالعمل الذي يقوم به الفرد وموقعه داخل المنشأة.

* مشاكل التخطيط للموارد البشرية:

(1) عدم وجود البيانات اللازمة لتخطيط الموارد البشرية بالتفصيل والشمول اللازمين وبالحداثة المعبرة تماماً عن الوضع القائم، أي عدم توافر المعلومات الدقيقة والصحيحة.

(2) وجود نقص واضح في أخصائي تخطيط القوى العاملة القادرين على المساعدة في تغطية ومعالجة الجوانب المتشابكة لهذه العملية بالمستوى المناسب.

(3) وجود مجموعة من المصطلحات المتداخلة مثل الأداء/الإنتاجية/القدرات/ المعارف والمهارات.

(4) صعوبة التوفيق بين مصالح المنشأة والقوانين الحكومية في حالة وجود تعارض بينهما مع التغير الكثير في بعض الأحيان في القوانين والأنظمة الحكومية المنظمة للعمل.

(5) صعوبة التغطية السريعة لبعض الأنشطة التي تعاني من مشاكل انخفاض الأداء نتيجة لسرعة دوران العمل وضرورة الإحلال المؤقت لها.

(6) صعوبة التنسيق والتكامل بين تخطيط القوى العاملة وبين الأنشطة الأحرى لتنمية القوى العاملة كالاختيار والتعيين والتدريب والنقل والترقية.

هوامش ومراجع الفصل الثاني

(1) شاويش، مصطفى نجيب، (2005). إدارة الموارد البشرية، (ط3). دار الشروق للنشر والتوزيع. عمان - الأردن.

(2) منجي، محمد عبد الفتاح، مصطفى، محمد كامل، (1988). تخطيط القوى العاملة بين النظرية والتطبيق، بيمكو للاستشارات الهندسية. القاهرة.

(3) **Brachm, John, (1978). Practical Manpower planning, institute of personnel Management London.**

(4) **Davar, Gary, (1988). Personnel Management Fourth Edition, Englewood, cliffs, prentice- Hall international Editions. New Jersey.**

(5) مخامرة، محسن عبدالله، (1986). تخطيط القوى العاملة على المستويين الكلي والجزئي، المنظمة العربية للعلوم الإدارية. عمان- الأردن.

الفصل الثالث

تخطيط استراتيجيات المزيج التسويقي والمبيعات

تمهيد:

هناك أربعة محاور أساسية للتسويق هي [المنتج ـ التسعير ـ التوزيع ـ الترويج]. وهذه الأربعة مجتمعة تسمى المزيج التسويقي، وقد تخطئ الإدارة إذا ميزت استراتيجية عن أخرى، فإذا ميزت السعر عن باقي عناصر المزيج التسويقي، فقد تفقد مميزات أكثر وذلك عن طريق إعادة تخطيط المنتج مثلاً، وتقديم نوعية أفضل عن بقية المنافسين واستخدام وسائل الترويج وكفاءة الموزعين وكل ذلك يساعد على زيادة المبيعات دون اللجوء إلى تخفيض الأسعار.

*** أولاً: تخطيط المنتج:**

المنتج في مجمله مجموعة من الخواص والميزات لسلعة معينة بعضها ملموس وبعضها غير ملموس، وهناك ثلاثة مستويات للمنتج:

(1) جوهر المنتج: المنافع التي تؤديها تلك السلعة.

(2) المنتج الملموس: التعبئة، الشكل، الجودة، الخصائص المميزة.

(3) خدمات زيادة المنتج: [التركيب، الضمان، خدمة ما بعد البيع، التسليم، [ما بعد البيع [البيع بالتقسيط].

وتنقسم المنتجات إلى مادية وغير مادية, وتصنف على أساس معدل الاستهلاك أو الاستعمال إلى سلع معمرة وسلع غير معمرة كما تصنف على أساس القائم بالشراء والغرض من الاستخدام أو الاستعمال. كما يراعى أنه لأي منتج دورة حياة تتلخص في:

1. التقديم 2. النمو 3. النضج 4. التشبع 5. التدهور

* ثانياً: توزيع المنتجات:

هناك سياستان للتوزيع هما:

(1) سياسة التوزيع المباشر: حيث تقوم بتوزيع المنتج مباشرة إلى المستهلك دون اعتماد على الوسطاء.

(2) سياسة التوزيع غير المباشر: حيث تقوم بتوزيع المنتج على المستهلك اعتمادًا على الوسطاء

إن القرارات الخاصة بتوزيع منتجات المنظمة لها تأثير في اتجاهين هما:

(1) التأثير على القرارات التسويقية الأخرى فمثلاً قرارات التسعير يعتمد على سياسة التوزيع المحدود ـ الشامل.

(2) التأثير على علاقة المنظمة مع المنظمات الأخرى على المدى البعيد.

* ثالثاً: تسعير المنتجات:

أهم سؤال هو ما الثمن الذي يمكن أن تحصل به على السلعة أو الخدمة؟ حيث يتضح أن السعر بمثابة عرض أو تجربة تستهدف معرفة نبض السوق، فإذا قبل العميل هذا العرض يكون أمرًا مشجعًا، أما إذا رفضوه فيكون لازمًا سرعة تغييره.

ويلاحظ أن الأبعاد المختلفة للتسعير هي:

أهمية التسعير، أهداف التسعير، العوامل المؤثرة في تحديد السعر، طرق التسعير، سياسات واستراتيجيات التسعير، الجوانب الأساسية في استراتيجية التسعير.

* رابعاً: ترويج المنتجات:

* **مفهوم الترويج:**

هو أحد العناصر الرئيسية في المزيج التسويقي، ويقصد به كل صور الاتصال بالسوق، بغية خلق وتنمية الطلب على السلعة، مما يؤدي إلى زيادة أرباح المنظمة القائمة بالترويج.

ويمكن إجمال مراحل التعامل مع المشتري كالتالي:

- عمل الاتصال المبدئي مع العميل المحتمل.

- إثارة اهتمامه بالسلعة.

- خلق تفضيله لعلامة أو سلعة معينة.

- حل مشكلة شرائية للمستهلك بسلعة معينة.

- الحصول على أمر الشراء.

- ضمان استمرار التعامل للعميل مع المنظمة.

*** الحملة الترويجية:**

هي سلسلة مخططة ومتناسقة من المجهودات الترويجية التي تدور حول موضوع أو فكرة واحدة بهدف تحقيق أهداف محددة، وقد تتضمن عناصر متعددة من عناصر المزيج الترويجي مثل [الإعلان ـ البيع الشخصي ـ تنشيط المبيعات].

وللقيام بالحملة الترويجية لابد من:

(1) تحديد أهداف العمل الترويجي.

(2) تحديد الجماهير المستهدفة بالترويج.

(3) تحديد المزيج الترويجي.

(4) تحديد مستوى الرسالة الترويجية.

(5) تحديد الوقت المناسب للحملة الترويجية.

(6) تحديد نفقة الحملة.

(7) تقييم فاعلية الحملة الترويجية.

يجب وضع استراتيجية موحدة تشمل العناصر الأربعة السابقة بصورة متناسقة، تسمى خطة المزيج التسويقي.

* التنبؤ بالسوق وقياسه:

مفهوم التنبؤ بالسوق: هو مجمل المبيعات لجميع المنتجين لسلعة أو خدمة معينة لفترة زمنية معينة. أو هي عبارة عن العمل الذي يقوم به المدير في تقدير المبالغ للمبيعات التي يمكن تحقيقها مستقبلاً لسلعة أو خدمة معينة في منطقة جغرافية محددة وخلال فترة زمنية محددة أيضاً.

إن قياس السوق يتطلب ما يلي:

(1) إمكانيات السوق - وهو جميع الأفراد والهيئات الذين تتوفر لديهم الحاجة أو الرغبة بشراء السلعة أو الخدمة التي تطرحها المؤسسة للبيع من توفر القوة الشرائية لديهم خلال الفترة الزمنية التي تجري فيها عملية القياس.

(2) التنبؤ بالسوق - هو تقدير المبيعات التي يمكن إنجازها في المستقبل للسلعة أو خدمة معينة في فترة محددة.

(3) إمكانيات البيع - وهو إدخال مفهوم شريحة أو قطاع السوق، لأن إمكانية البيع تتحقق في قطاع محدد من السوق الذي يتكون من مجموعات المشترين الذين يقبلون على شراء سلعة أو خدمة معينة بذاتها.

(4) التنبؤ بالمبيعات - يتطلب معرفة إمكانيات البيع وعدد المشترين المتوقع إقبالهم بالمبيعات عل السلعة أو الخدمة، ومعرفة الظروف التي ستحيط بعمليات العرض وأوضاع المشترين، وهنا القياس للسوق يمكن تمثلها في الشكل الآتي:

شكل القياس فـي السوق

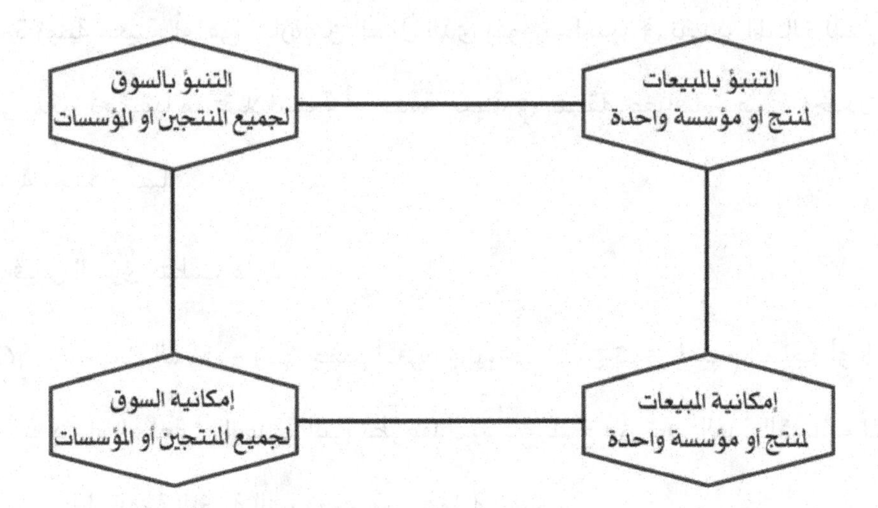

*قياس السوق وإمكانية البيع:

هذا القياس يعتبر من مهمة إدارة التسويق، حيث يتوجب على مديري المبيعات تفهم ميكانيكية العملية التسويقية، والأسس التي تقـوم عليهـا، لأنهـم بشـكل أو بـآخر يسـاهمون بإمداد القائمين على هذه العملية بالأفكار والمعلومات.

وتتطلب عملية القياس القيام بالخطوات التالية:

1) تحديد وتعريف السوق محل القياس.

2) تحديد الطلب والعوامل المؤثرة فيه.

3) اختيار الأساليب الملائمة لقياس الطلب في المستقبل.

أولاً: تحديد وتعريف السوق محل القياس:

من أجل تحديدها لا بد من الأخذ بعين الاعتبار ثلاثة أبعاد أساسية هي:

(أ) المنقطة الجغرافية - وهي تلك المناطق التي تريد المؤسسة أو المنتج أو البائع حصر مبيعاته ضمن مناطقها الجغرافية.

(ب) الفترة الزمنية وهي العادة يتم عملية القياس الزمني بنسبة واحدة، أو بأرباح السنة أو الأشهر.

(ج) نوع العملاء- يجري التقسيم هنا على أساس عملاء صناعيين أو عملاء تجاريين أو قد يكون البيع للمستهلك الأخيرة مباشرة.

ثانياً: تحديد الطلب والعوامل المؤثرة فيه:

من العوامل التي تؤثر على الطلب هي عادة عوامل الجنس من [ذكور، وإناث]، ثم الوظائف أو الأعمال والاشغال التي يمارسها العملاء، وكذلك الفئات العمرية. ويعتبر هذه العناصر من أبرز العوامل المؤثرة في السوق والتي يتوجب على المحلل أن يأخذها بعين الاعتبار كخصائص مميزة لتلك السوق.

وبعد ذلك التحديد يستخدم المحلل أسلوبين من أجل تحديد السوق وهما:

(1) أسلوب الحكم الشخصي: وهو أسلوب يقوم على أساس تقديرات المسؤولين الرسميين في الشركة لأوضاع السوق من خلال الطلب على المنتوج من سلع وخدمات.

(2) أسلوب التجريبي: وهو أسلوب يستند إلى أجزاء التجارب على السوق ومن ثم القيام بعمليات التحليل الإحصائي، ويتطلب هذا الأسلوب التعرف على محددات الطلب على السلعة مثل حجم المجتمع/حجم الودائع في البنوك.

ثالثاً: اختيار الأساليب الملائمة لقياس الطلب في المستقبل:

من أبرز هذه الأساليب التي تستخدم في قياس الطلب هي أن يقوم المنتج بإجراء بحث على السوق مثل تصميم نموذج استقصاء يتم إرساله إلى العملاء المنتظرين، وذلك من أجل التعرف على مقدار حاجاتهم للسلعة وتقبلهم لها.

* تخطيط استراتيجيات المزيج البيعي:

مفهوم عملية البيع: هي عملية تبادلية بين طرفين هما البائع والمشتري، وتتضمن عملية البيع صفقة تجارية على سلعة أو خدمة، وهي جزء لا يتجزء من عملية التسويق.

تشمل عملية البيع جميع الأساليب البيعية والطرق والاستراتيجيات التي تستخدمها المؤسسات البيعية والعاملون معها من رجال ونساء يعملون في هذه المهنة.

وتشمل أيضاً جميع الجهود البيعية غير الشخصية والمتمثلة بطرق الترويج المصممة للتأثير على جميع حواس الناس واستثارة عواطفهم وغرائزهم، وشهواتهم للإقبال على منتجات السلع والخدمات المطروحة في السوق.

* مظاهر الاهتمام بالأنشطة البيعية فـي الشركات ما يلي:

(1) مكتب أبحاث البيع، ويهدف إلى دراسة المشاكل التي يعاني منها رجال البيع.

(2) مكتب أبحاث مبيعات التأمين على الحياة.

(3) الاتحاد الوطني لمديري المبيعات في الولايات المتحدة.

(4) الجمعية الأهلية لمديري المبيعات.

* أبعاد مهام إدارة المبيعات:

(1) يتطلب وجود مهارات إدارية متميزة وخاصة فيما يتعلق بالقـدرات القياديـة وممارسـة السلطة على جميع العـاملين مـن رجـال البيـع/ مـوظفين/ إداريـين. وتتطلـب المهـارات الإداريـة مـن مـدير المبيعـات أن تكـون لديـه القـدرة عـلى تصـميم وخراطـة المفـاتيح الصحيحة التي تلاءم أهداف الشركة، والبحث عن الفرصة البيعية في السوق.

(2) يجب أن يتميز مـدير المبيعـات بمهـارات وقـدرات عـلى بنـاء العلاقـات الشخصـية مـع الآخرين، وخاصة رجـال البيـع الـذين تـربطهم بـالعملاء علاقـات شخصـية هـي أسـاس المداخل الرئيسية للعمليات البيعية التي يمارسونها يومياً.

(3) يجب على مدير المبيعات أن يتوفر فيه قدرة على التنسيق بين مختلف رجـال البيـع لأن التنسيق هو محور العملية الإدارية.

(4) القدرة لمدير المبيعات على دفع رجال البيع والتأثير فيهم وحملهم على ممارسة أعمال البيع بحماس من أجل الوصول إلى أهدافها الاستراتيجية.

* **مفهوم التخطيط الاستراتيجي لإدارة المبيعات:**

هو تحديد المسار أو الطريق الذي يجب أن تسلكه تلك الإدارة، وكيفية تحديد السير على ذلك الطريق من أجل الوصول إلى الأهداف المنشودة أو الأهداف المحددة.

* **الخطوات الأساسية في عملية التخطيط الاستراتيجي:**

(1) تجميع المعلومات التاريخية التي تسلل العمليات البيعية في السابق وفي الحاضر مع توضيحات كاملة لمسيرة الشركة وأحداث البيع فيها ابتداءً من تأسيسها إلى الوقت الحاضر، ويجب أن تتضمن تلك المعلومات التاريخية مختلف فجوات الضعف والقوة التي مرت في تاريخ الشركة وتفسير ماهية تلك الفجوات وملابساتها، ويجب أن تتضمن المعلومات الظروف البيئية التي تعيشها الشركة وأثرها على مسيرتها.

(2) تحديد أهداف الشركة، وتنقسم تلك الأهداف إلى قسمين:

(أ) رسالة الشركة والتي تمثل أهدافها العريضة كالرسالة تحملها في المجتمع الصناعي والتجاري.

(ب) الأهداف الأساسية التي تعمل المؤسسة على تحقيقها وإنجازات محددة مثل حجم المبيعات ونسبة عائد الاستثمار أو الربحية.

(3) تصميم الاستراتيجية، وهي الإدارة التي تقوم باتخاذ قرار يتعلق بما إذا كانت سوف تستمر بالنهج على الاستراتيجية القديمة أو تعديلها، أو بناء استراتيجية جديدة تختلف عن سابقتها.

(4) التنفيذ وهو تتم من خلال تحديد المدير للتفاصيل المتعلقة بجميع النشاطات والأعمال اللازمة لتشغيل الاستراتيجية مثل استقطاب وتوظيف رجال البيع وتدريبهم وتحديد برامج مكافآتهم ذات العلاقات بمرتباتهم والأجور التشجيعية التي ستقدمها المؤسسة أو الشركة لهم.

(5) الرقابة، وتتركز على مجالين رئيسيين هما:

1) الخطة الرئيسية لعمليات البيع والتي تتركز على الأهداف الرئيسية لإدارة المبيعات.

2) رجال البيع أنفسهم من خلال أحجام المبيعات التي يحققها كل واحد منهم ومصاريفهم والتزاماتهم بسياسات المؤسسة أو الشركة وأهدافها.

*** استراتيجية عملية البيع:**

هنالك عدة عمليات بيعية يطلق عليها مصطلح المزيج التسويقي، ويتكون المزيج من عمليات مختلفة تساعد على تسهيل مهام رجال البيع. ومن أهمها:

أولاً: البيع الشخصي: تعتبر من أهم عناصر المكونات المزيج التسويقي لاستراتيجية إدارة المبيعات، حيث أن رجل المبيعات هو العنصر الأساسي

في حلقة الاتصال ما بين إدارة المبيعات وعملائها. فهو الذي يقوم بعمليات العرض المادي الفعلي للسلع وما يرافقها من خدمات، وهو الذي يرد على جميع التساؤلات ويعالج جميع مشاكلهم الخاصة بالسلعة أو الخدمة.

ثانياً: الإعلان وترويج المبيعات: تدخل هذا النقطة في استراتيجيات البيع كعنصر من عناصر المزيج التسويقي الذي يدعم أعمال البيع الشخصي لرجال البيع، ويستخدم الإعلان لجذب انتباه العملاء الحاليين والمنتظرين للسلع والخدمات التي تطرحها إدارة المبيعات في السوق.

ثالثاً: الاتصال الهاتفي: يساعد على توفير الوقت بين إدارة المبيعات والعملاء، وتسهيل انتقال رجال البيع والتأخير في تسليم الطلبات، ويساعد أيضاً على حل المشاكل التي تقوم بين إدارة المبيعات وعملائها فيما يتعلق بالسلع والخدمات، والبحث عن عملاء منتظرين المستقبل، وإبقاء أواصر الصلة قوية مع العملاء القدامى للمؤسسة.

رابعاً: البيع بواسطة الكاتلوج: تشمل التعرف على مختلف الخصائص المتوفرة في السلع التي تطرحها إدارة المبيعات عليهم. ويعتبر الكاتالوج وسيلة اتصال فعالة بين الإدارات البيعية والعملاء.

خامساً: البيع بواسطة البريد: تقوم بتزويد العملاء الحاليين والمرتقبين بالمعلومات وخلق الاستفسارات لديهم، بحيث تصبح هناك قنوات اتصال مفتوحة بين الطرفين، فتساعد تلك القنوات على الانطلاق في أعمال البيع.

سادساً: البيع بواسطة الحاسوب: أحدث الحاسوب ثورة كبيرة في التنظيمات الخاصة بإدارة المبيعات، ويجب على الأسلوب البيعي إقامة مراكز حاسوبية لتلقي طلبات الشراء وذلك في مخازن البيع حيث يقوم حاسوب البائع باستلام طلبية المشتري بشكل مباشر من خلال المركز الإلكتروني المعد لهذه الغاية.

سابعاً: مراكز العرض التجريبي: وهي عبارة عن معارض تجارية مصممة لدخول العملاء إليها، واستعراض آلة معقدة. مصنعة من قبل المنتج البائع، حيث يجري في هذه الصالة أو غرفة العرض مشاهدة الآلة وهي تعمل وكأنها على الطبيعة، وعادة يقوم المنتج البائع بدعوة العملاء المنتظرين إلى هذه المواقع لمشاهدة المنتجات وعرضها عليهم وتشغيلها أمامهم.

ثامناً: المخازن: المخزن هو محطة بيعية يجري إنشاؤها بالقرب من المصنع الذي يقوم بتصنيع السلع وإنتاجها بحيث يتمكن العميل المنتظر من

الذهاب إلى ذلك المخزن والإطلاع على نماذج حقيقية من المنتجات حيث يجري تجربتها أمامه.

تاسعاً: البيع من خلال الندوات التعليمية: وهي اجتذاب فئة محددة من العملاء المنتظرين من أصحاب المصالح المعروفين والمؤهلين لشراء المنتجات المعروضة للبيع، والتحدث إليهم في أجواء مريحة بحيث يتم اجتذاب كل واحد منهم بشكل منفرد وإقناعه بالسلع التي تنتجها الشركة.

هوامش ومراجع الفصل الثالث

(1) بندقجي، محمد رياض، (1997). التسويق وإدارة أعمال المبيعات، (ط2). المركـز العـربي للنشر والتوزيع. عمان- الأردن.

(2) **Thomas R. wotruba. And Edwink. Simpson, (1989). Sales Management. Boston: KENT. Publishing company.**

(3) بندقجي، محمد رياض، (1980). مبادئ الإدارة العلمية. تبكو للنشر والتوزيـع. عـمان - الأردن.

(4) **Dan J. Dunn, Ir. 8 claud A. Thomas, (1988). Strategy for systems sellers: A Grid Approcach, Journal of personnel- selling and sales Management.**

(5) **Thomas N.Ingram & Raymond W. LA forge, (1992). Sales Management (Chicago: The Dryaler press).**

(6) توفيق، حسب أحمد، (1987). إدارة المبيعات. جامعة القاهرة. القاهرة.

هوامش الفصل الثاني

(1) [illegible]

(2) Thomas R. Wotruba and Edwin K. Simpson, (1989), Sales Management, Boston: KENT Publishing company.

(3) [illegible]

(4) Dan H. Dunn, Jr. and Claude A. Thomas (1985), Strategy for Systems sellers: A Grid Approach, Journal of personal selling and sales Management.

(5) Thomas N. Ingram & Raymond W. LA forge (1992), Sales Management (Chicago: The Dryden press).

(6) [illegible]

الباب الثاني

التطوير الإداري

الفصل الرابع: مدخل إلى التطوير الإداري.
الفصل الخامس: التحفيز في الإدارة.
الفصل السادس: إدارة التطوير والتغير الإداري.
الفصل السابع: برامج التطوير والتدريب الإداري.
الفصل الثامن: تطوير وتدريب الموظفين.
الفصل التاسع: الإصلاح الإداري في الدول العربية.

الفصل الرابع

مدخل إلى التطوير الإداري

*** مفهوم التطوير الإداري:**

هو تحسين أساليب العمل وسلوكيات العاملين بما ينعكس إيجابياً على المجتمع، ويتمثل ذلك بتعامل العاملين في الأجهزة الحكومية مع المواطنين من منطلق أن الموظف خادم عام وأن المواطن هو المخدوم دون الشعور بأي غضاضة في هذا السلوك.

أو هو الاقتصاد في الإنفاق على الأعمال والمشاريع التي تديرها الدولة لأن المواطن هو الذي يمولها انطلاقاً من قاعدة مالية تقول (خزانة الدولة جيوب رعاياهم).

لذلك يهتم التطوير الإداري بتحقيقه ويتحدث عنه عديد من المواطنين والمختصين ليس إلا ضرباً من ضروب التوريط الإداري التي تقول على أنها الأعمال والإجراءات والقرارات الغير الموضوعية التي يتخذها بعض المسؤولين بمحض إدارتهم تحقيقاً لمصالح شخصية.

*** أولويات التطوير الإداري:**

(1) عمل دراسات مسحية عن نمط العلاقات السائدة بين العاملين وبينهم وبين الإدارة بهدف التعرف على المشاكل الإدارية وسبل حلها.

(2) تنمية العمل الجماعي وروح الفريق في الأجهزة الإدارية على غرار ما تقوم به مؤسسات خاصة كالبنوك وغيرها وبنجاح كبير.

(3) دراسة النزعات الإدارية للتعرف على أسبابها ومحاولة حلها.

(4) التدريب على أفضل السبل لإدارة الوقت في الجهاز الإداري الحكومي وسبل استثماره، فهناك على ما يبدو مشكلة كشفت عنها دراسات حديثة قدرت أن حجمها وبأقل تقدير لا يقل عن (100) مليون دينار سنوياً.

إن هذه النقاط السابقة سهل تناولها وغير مكلفة نسبياً ولا تحتاج إلى خبرة أجنبية أو تمويل دولي، وكما أنها تترك الأثر المطلوب على أرض الواقع ويشعر المواطن بآثارها أكثر من كتيبات الهياكل التنظيمية الحديثة.

* الفرق بين احتلال المنصب وأداء دور وظيفي:

كثير من العاملين يفسرون كثيراً من الأمور والممارسات الإدارية التي نسمع عنها ذلك لأن الموظف المرشح أو الطامح لوظيفة معينة يتصورها مسرحاً لجبهة حربية تحتاج لمواجهات وتضحيات، وبالتالي فإن من ينجح في هذه الحرب يكافأ وتحيل منصباً.

أما إذا لم يعين في تلك الوظيفة فإن ذلك يعني أنه خسر معركة وأن غيره احتل المنصب وأن عليه بالتالي أن يناضل من أجل تجريده.

أما المفهوم الإداري الصحيح والبديل لمفهوم احتلال المنصب فهو شغل الدور الوظيفي. فعندما نقول أن فلاناً يلعب دوراً أو وظيفة مدير فإن انعكاس ذلك أن ينظر الإنسان للعمل على أنه نوع من التكليف أو الواجب وينظر لمن يعملون معه كأعضاء في فريق وهو بحاجة إلى اللاعبين المحترفين فمن كانوا يعملون مع سلفه. ويشعر أن من واجبه تحفيزهم وتجديد نشاطهم ليتعاونوا معه لاستمرار مسيرة العمل وهو بهذا الفهم ليس بحاجة إلى قوات تساند احتلاله أو تعسفه في تطوير بقايا الاحتلال السابق أو البدء من نقطة الصفر، وكذلك فإنه ينظر إلى المواطنين المتعاملين مع الجهاز الذي يرين بأنهم جمهور مهم لاستمراره في أداء دوره فهم بمثابة المراقبين لمباراة ويفرحون ويهتفون للأداء الممتاز.

لذلك فالأولى تصحيح هذه المفاهيم عن العمل، لأن أن الفهم غير الدقيق لا يقتصر على سلامة اللغة وإنما يمتد إلى الممارسات الإدارية داخل الأجهزة الإدارية من جهة، وفي تعامل المسؤولين فيها مع المستفيدين من خدماتهم من جهة أخرى.

* علاقة التطوير الإداري بالظواهر الغير البيروقراطية:

لا يكاد يمر يوم إلا ونسمع فيه حديثاً لمواطن أو مسؤول أو مراقب عن المشاكل الإدارية التي نعاني منها والتي يواجهها المتعاملين مع الأجهزة الإدارية. وحتى نقرب المفهوم للقارئ غير المخصص نقول بأن المواصفات الرئيسية للبيروقراطية وحسب أهميتها هي كما يلي:

(1) وجود نظام معلومات وسجلات وتوثيق يكفل توثيق ما يتم تصريفه من أمور.

(2) اعتماد أسس الجدارة والاستحقاق في تعيين وترقية العاملين.

(3) الانضباط والتسلسل الرئاسي بمعنى وجود نظام رقابة داخلية تكفل تطبيق مفهوم المساءلة الإدارية.

(4) وجود حلول مقنعة وجاهزة لكافة الحالات والمشاكل المتماثلة بهدف الإسراع في الإنجاز.

(5) معاملة المواطنين المتعاملين مع الجهاز الإداري على أسس المساواة والموضوعية وعدم التمييز في الخدمات المقدمة إليهم.

(6) عدم إفشاء أسرار العمل وبخاصة الجهات يمكن لها أن تستفيد منها على حساب جهات أخرى.

* الديمقراطية والإدارة في مؤسسات التعليم العالي:

تعتبر الديمقراطية من أعز الموارد التي يعتمد عليها أي مجتمع للتقدم والتطوير، إذ يفترض فيها أن تكون مختبرات علمية ومصدراً لأفكار التجديد في مناحي الحياة الاجتماعية والاقتصادية والسياسية والإدارية.

من المفترض أن تكون هذه المؤسسات التعليمية المتصلة بالديموقراطية سباقة لغيرها في تبني الأسلوب الديمقراطي في الإدارة لأن محذورات اتباعه فيها تكون أقل حتماً من غيرها نظراً لأن العاملين فيها هم من فئة المؤهلين علمياً، ولا يخشى من أن يصل غير المؤهلين لشغل الوظائف الإدارية فيها.

فعندما نتحيز كدارسين لأسلوب الانتخاب كأساس لتشكيل المجالس النيابية والبلدية والقروية. فإننا نقبل المغامرة بإمكانية وصول أشخاص إلى هدف الوظائف بحكم شعبيتها وليس لأن أصول اللغة الديموقراطية لا تضع القيود على اختيار الناس لمثلهم.

إن حرمان الديموقراطية للناس بحجة عدم أهليتهم لاختيار الأفضل هي حجة ضعيفة وأنها لو صحت فإن الديموقراطية تبقى طريقاً أفضل ليتعلم ويتطور الناس من خلالها وستكون الخبرة مفيدة أكثر من كلفتها.

والسؤال لماذا لا يواكب أسلوب الإدارة في معاهدنا وجامعاتنا هذه الديموقراطية؟ لماذا لا يتم اختيار من يتولون الوظائف الإدارية على مختلف المستويات في هذه المؤسسات على أسس ديموقراطي لا سيما وأن الناجين هم ممن تتوفر فيهم الحدود الدنيا لشروط شغل هذه الوظائف. قد يقول البعض أن في ذلك تسيباً للإدارة. ولكن تلك حجة ضعيفة، فإذا كان من حق الطلبة في هذه المؤسسات أن يكون لهم اتحادات وبرلمانات أفلا يعطي أساتذتهم هذا الحق؟ وهل الأساليب المتبعة الآن في هذه التقنيات غير سياسية؟ إن أي أساس للتعيين أياً كان هو قرار سياسي بدرجة ما، وإذا كان الأمر كذلك ضمان لا يستند هذا القرار إلى رأي الأغلبية في الوحدة الإدارية المعنية.

* الجدارة والتطوير الإداري والانتماء الوطني:

إن التطوير الإداري أصبح مطلب شعبي وحكومي، لأن هذا المطلوب يُحظى بدعم وتأييد الرئيس للدولة. فمثلاً في الأردن أيدت الحكومة الأردنية فكرة الدعوة للديموقراطية السياسية والإدارية في الأردن وتدعيم أسسها، فلم تكن جهود التطوير السياسي والإداري مفروضة على النظام بضغط شعبي بل على العكس منذ ذلك تماماً إذ كانت مطالب للنظام من الأجهزة المعنية لتعمل على تحقيقها وهو أمر يستحق الإشادة والتقدير من قبل المواطنين على اختلاف أصولهم ومنابتهم ومصالحهم الاقتصادية.

ومن واقع المراقب الإداري أن هناك علاقة خطية بين نظام الجدارة وإمكانية التطوير الإداري والانتماء الوطني، فعندما تعتمد أسس الجدارة لشغل الوظائف الإدارية وخاصة القيادية منها بغض النظر عن الأصول والمنابت أو الانتماءات المذهبية، أو القدرات الاقتصادية لتصبح الوظيفة العامة خزاناً للكفاءات والقدرات الإدارية الفاعلة التي تقود إلى التطوير الإداري بمبادرات فردية متعددة حرصاً منها على تحقيق الأفضل التي تقود التطوير الإداري إذا تم احتكار الوظائف الإدارية لفئة أو فئات على أسس تقسيمات أو توازنات معينة لا تمت للكفاءة بصلة فإن معنى ذلك أن الخدمة المدنية طاردة للكفاءات الإدارية أو محرومة منها، مما يحرم الإدارة من الكوادر المؤهلة مما يعني بالتالي أن القيادات الإدارية المتبقية ليس لها مصلحة أو ليست في وضع يمكنها من إحداث التطوير الإداري، لأنها ترى ومن ناحية موضوعية أن تخليها

عن مواقعها الإدارية قد يكون في البداية اللازمة لإحداث هذا التطوير. فإذا كانت أسس التعيين والترقية في مثل هذه الوظائف تتخطى أسس الجدارة التي تطبق بدراجات أشمل على المستويات الإدارية الابتدائية، فإن معنى ذلك أن التطوير الإداري لن يتحقق ولن يتجاوز الندوات أو الكتيبات.

فالتطوير الإداري لا بد من أن له مقومات أولها الالتزام بنظام الجدارة والكفاءة كأسس للتعيين في مختلف الوظائف العليا ابتداءٍ ومن ثم لباقي المستويات الإدارية الأدنى منها لكون الأولى القدوة والمعيار للثانية، إن التخلي التدريجي عن الاستثناءات والكوتات والولاءات الضيفة لخدمة مصالح أو فئات أصغر من الولاء للوطن كله شرط أساسي للتطوير الإداري.

ويترتب على الالتزام بأسس الجدارة في التعيين حدوث التطوير الإداري أو البدء على طريقة وتعميق الانتماء الوطني. فالإنسان يزداد انتماؤه لوطنه ولقيادته كلما رأي أن القاعدة تكافؤ الفرص هي أهم القواعد المتبعة.

إن مثال على الرأي لأمريكا والتي رغم ما لا نجهله من تمييز منها بين المواطنين الأمريكيين وعلى عدة أسس، فإن السبب الرئيسي لتقدمها وتطورها السياسي والإداري وحرص وتغير المهاجرين الجدد على الولاء لها وعلى أن يروا أنفسهم أمريكيين رغم حداثة تجنسهم، هو تكافؤ الفرص النسبي أمامهم بغض النظر عن الاعتبارات الأخرى. إن السبب في سحر جواز السفر الأمريكي الذي لا يختلف في جودة ودقة عن كثير من جوازات دول العالم الأخرى، وفي الدلالة للحصول على

البطاقة الخضراء الأمريكية يتمثل في ذلك وفي الفرص المتكافئة التي تتوفر لمن يحملون هذه الجوازات أو البطاقات أن هناك علاقة خطية بين الجدارة والتطوير الإداري والانتماء الوطني لا بد من ملاحظتها.

* الرجل والمرأة واللغة والتطوير الإداري:

لا يمكن عزل تأثير العوامل الاجتماعية والبيئية عن الإدارة، فإذا نظرنا إلى مكونات المجتمع عرفنا أنه يتشكل من عدة دوائر مركزها الجهاز الإداري يؤثر فيها أكثر مما يؤثر النظام السياسي يليه النظام الاقتصادي ومن ثم النظام الاجتماعي بقيمه وعاداته وثقافته.

وأهمية هذا الموضوع تبرز من خلال تأثير النظام الاجتماعي على الإدارة، فالإدارة لا تعمل في فراغ بل هي أداة لتحقيق أهداف المجتمع الذي تمثل المرأة نصفه، ولكننا نلاحظ عدم العدالة في تمثيل المرأة في حجم القوى العاملة ولا يثير هذا الموضوع اهتمام الكثيرين لأن لغتنا العربية لغة [ذكورية] إذا جاز التعبير، تخاطب الرجل وتجعله مركز الكون ومحوره والشعار المرفوع دائماً في مجال التطوير الإداري هو [وضع الرجل المناسب في المكان المناسب] يضمن ضمنياً أن الإدارة ضمنياً أن الإدارة للرجل أساساً دون المرأة، وما دخول المرأة هذا المجال إلا كرماً أو ترضية يجري صرفها من قبل القادرين على تحمل المصاعب وهم الرجال " الجنس الخشن" إلى " الجنس اللطيف" وهن النساء.

ولا أدعو هنا إلى تثوير ضد الرجال ولكنني أدعو إلى تثقيف أبناء المجتمع ليروا أن التطوير الإداري يستلزم رفع شعار الإنسان المناسب في المكان المناسب، وهو شعار يفترض أن كلمة إنسان تشمل المرأة ولا تقتصر على الرجل رغم أن كلمة إنسان هي الأخرى بصيغة المذكر، وقد لا يرى فيها البعض أي اختلاف عن القول (الرجل المناسب في المكان المناسب).

*** قصور التطوير الإداري:**

ضرورة إبراز التطوير الإداري من خلال إظهار الحاجة إلى شخصيات إدارية قادرة على إحداثه وليس هناك من سر نكتشفه عندما نتحدث عن المدير القادر على إحداث التطوير الإداري، فهذا الأمر ليس سراً إلا عند الذين لا يزالون يظنون أن الإدارة فهلوة وشطارة ولم يسمعوا بعد بأن الإدارة علم كسائد العلوم له نظرياته القادرة على فهم وتفسير الواقع الإداري في أي بلد، والقدرة على التنبؤ بالاتجاه الذي تسير فيه هذه الإدارة ومن ثم ضبط هذا الاتجاه على الشكل المراد له.

وعلى هذا يجب على المدير المؤهل والمعد إعداداً علمياً ومعرفياً أن يتحلى بمواصفات مسلكية أخرى، ذلك أن المهارة والعلم بالأصول العلمية لمزاولة أي مهنة يحتاج أيضاً إلى مهارات مسلكية إيجابية إلا انقلب العلم من نعمة إلى نقمة.

إن المدير الملم بنظريات الإدارة ولكنه يفتقر لأخلاقيات المهنة قد ينقلب علمه بالعمل الجماعي وضرورته، وأساس روح الفريق، وضرورة اعتماد الكفاءة أساساً للحكم على العاملين معه إلى إشكالات، فقد يمارس المدير السلبي علمه في تدمير

العلاقات الاجتماعية وممارسة السياسات الكيدية، وشل الجماعات وعملها وتدمير روح الفريق ومحاربة الكفاءة، وممارسة سياسة التطفيش الإداري وإعاقة المبدعين.

لذلك فإن مهارة أساسية مسلكية لا بد من توافرها للمدير وهي تقصير التطوير الإداري، بحيث لا ينظر إلا إلى الكفاءة دون تقصير أو مذهب أو مكان. أن التقصير في التطوير الإداري مشكلة قد تكون ضارة للمدير، فالكفاءة والجدارة يجب أن تكون المسطرة التي يقيم فيها المدير للعاملين معه.

* معوقات التطوير الإداري:

(1) السياسات الكيدية.

(2) تطفيش الكفاءات.

(3) تركيز السلطات واحتكارها بيد المدير.

(4) تضييق الخناق على المبدعين.

(5) تكريس قيم الطاعة المطلقة العمياء للمدير.

(6) خلل النظام للقيم الاجتماعية، بحيث حلت قيمة جمع الثروة بأي طريقة قيمة مهمة محل قيم الأمانة والإخلاص والانتماء. مما يشجع الفساد الإداري ويؤدي اعتبار الوظائف غنائم لحزب أو عشيرة أو طائفة أو منظمة جغرافية.

(7) الخجل الإداري يمثل أحد أسباب التخلف الإداري لأنه يحول دون اتخاذ قرارات إدارية حاسمة للإصلاح والتطوير ويحد من القدرة على اتخاذ إجراءات رادعة بحق المسيئين والفاسدين.

(8) التغيرات المتكررة في شاغلي الوظائف القيادية مثل مدراء الدوائر والمدراء العاملين.

* التطوير الإداري وبعض الأسئلة في طلبات الاستخدام:

لا يملك المراقب الإداري إلا أن ينوه إلى ويشيد بالتأكيدات الرسمية المتلاحقة وعلى أعلى المستويات مثلاً في الأردن فإن الأردنيين متساوون أمام القانون على اختلاف منابتهم وأصولهم. ولا بد من التأكيد على أنه التزام مختلف الجهات المعنية بتطبيق نص وروح هذا المبدأ من شأنه تعميق الانتماء للقيادة والوطن والأمة، وهو ما تحتاج إليه كل الأمم التي تتطلع إلى المستقبل بثقة وأمل، فتكافؤ الفرص أمام المواطنين هو أفضل دعامات التماسك والانتماء الوطني.

ولعل أكبر مثل حي على ذلك هو الولايات المتحدة التي يصبح فيها القول أكثر من غيرها بأنها دولة المئة شعب مختلفين بطبائعهم وآمالهم وعقائدهم وثقافاتهم ولكنها لا بلد الأمة الواحدة عندما يتعلق الأمر بالولاء للوطن وهو أمريكيا. إذ ينسى المواطن الأمريكي الذي هو من أصل إيطالي أو ياباني أو غير ذلك مثل هذه الجذور إذا تعارضت مع ولائه لبلده وهو أمريكيا.

إن وجود بعض الأسئلة في نماذج الاستخدام في أمريكا هناك مثل الأصل العريقي (إفريقي - أو ياباني....الخ) هو دلالة على تمسك أمريكا حتى الآن بعنصر-يتها أيضاً، مما جعلنا نقول (نسبياً).

إن التطوير الإداري يقتضي الانتباه إلى هذه الأمور التي تشكل مبعث شكوى للبعض. فهذه أسئلة شخصية لا أظن أن هناك مبرراً لها في استبانات رسمية ولطرحها في مقابلات للمرشحين لشغل الوظائف العامة أو حتى الوظائف في القطاع الخاص. إن الكفاءة والجدارة لا يستدل عليها من مكان ولادة الشخص ولا مكان ولادة الأب، أن ترشيد مثل هذه النماذج والاستمارات والمقابلات هو خطورة نحو التطوير الإداري.

* الخجل في التطوير الإداري:

تعد هذه الظاهرة من الظواهر الاجتماعية السلوكية التي تتسم بها مختلف الشخصيات الإنسانية ولكن بدرجات متفاوتة، وقديماً كان الخجل من مجتمعنا من الصفات المحببة حيث كان يوصف الشاب الجيد بأنه (خجول كالبنت) وكانت الفتاة توصف بأنها فم بلا لسان. إلا أن مع مرور الزمن تغيرت هذه الظواهر، فأصبح ينظر إلى الخجل في معظم الأحيان بأنه مرض يجب معالجته، وتوصف الشخصية الجيدة للشاب أو الفتاة الآن بأنها شخصية مغامرة وغير خجولة، بينما ينظر للشخصيات الخجولة بأنها شخصيات انطوائية، أسوق هذه المفاهيم لأصف ظاهرة شائعة وهي ما أسميته بالخجل الإداري، وأقصد به عدم قدرة بعض المؤسسات على اتخاذ قرارات ضرورية رغم اقتناعها بضرورة اتخاذها.

ولكن ما يمنعها من ذلك هو الخجل الإداري وهو تيار يتزايد في ويسير بعكس التيار الاجتماعي الذي أسلفت الحديث فيه. إذ ليس غريباً أن يجد المراقب الإداري أن

هناك كثيراً من الوظائف وممن يشغلونها لا لزوم لها ولهم من وجهة النظر الموضوعية للجهة المحسوبة عليها هذه الوظائف، ولكن يشكو صاحب القرار بأن مبعث عدم الاستغناء عن هذه المسميات وأصحابها هو الخجل الإداري ليس إلا.

إن التطوير الإداري لا يستلزم حتماً اتخاذ قرارات من شأنها الإضرار بمصالح الناس جزافاً تحت شعار الجرأة الإدارية ولكنه يتطلب في معظم الأحيان قرارات لا بد منها للاستغناء عن وظائف لا يتوفر للمسؤولين عنها قناعة بضرورتها ويرون أن بقاؤها استنزاف للموارد ليس بكلفتها فقط ولكن لما يتطلب استمرارها من اكسسورات ولوازم وموظفين ليبرروا وجودها، إن التطوير الإداري لا يتفق مع زيادة حجم تأثير الخجل الإداري على كثير من شؤون الإدارة.

* الفهلوة الإدارية والتطوير الإداري:

إن التطوير الإداري الناجح يتطلب جهوداً ومثابرة من كافة العاملين وعلى مختلف المستويات الإدارية، بحيث يتم العمل بشكل منظم لتشخيص المشاكل الإدارية وتحديد أولوية تناولها بشكل يخدم المجتمع ويرشد أكثر من نصف الحل، وبعد هذه الخطوة الأساسية تبدأ ماكنة التطوير الإداري بالعمل بصبر وبمنهجية علمية ودونما إثارة أو ثرثرة بحيث تتكلم النتائج عن نفسها بما تتركه من آثار على الناس.

ويمكن أن نجد أحياناً سلوكاً لا يتمشى مع منهجية تطوير إداري يتمثل في ظاهرة عدة للتأكيد على الذات الفهلوية، والتظاهر والأداء بالقدرة والبراعة على حد سواء، ويفسر الدكتور الصادق العظيم ظاهرة الفهلوة الإدارية الشعور حقيقي بالنقص تجاه

الآخرين لا يمكن البوح به لاعتبارات اجتماعية ونفسية عدة، وتتميز الشخصيات الفهلوية بالبراعة في المسايرة السطحية والمجاملات العابرة وتعتبرها الإنجاز كله، فهي شخصيات لا ترى في القوانين والتعليمات ضوابط إدارية بل ترى فيها مجموعة أو حقيبة امتيازات تمتنع عن تطبيقها مع من تشاء وتتسلح بها مع من نشاء، كما أن خصائص الشخصية الفهلوية في الإدارة أنها لا ترتاح، كما أن خصائص الشخصية الفهلوية في الإدارة أنها لا ترتاح كثيراً للعمل الجماعي ولا تطمئن إليه بسبب ما قد يعرضها ذلك لمواقف حساسة لا تطمئن إليها.

إن الإنسان البيروقراطي هو النموذج الأفضل للتطوير الإداري المنشود، ولا بد من أن يكون مختلفاً جداً عن الإنسان الذي يمارس الفهلوة الإدارية، حيث أن النظام البيروقراطي يستوجب وجود ما يلي:

(1) احترام أسس الجدارة والاستحقاق في تعيين وترقية العاملين.

(2) تقسيم العمل ومراعاة التخصص في ذلك.

(3) النظرة للإدارة كمهنة لا يمكن أن يمارسها بكفاءة غير المسؤولين.

(4) التأكيد على الانضباط ووقف التسيب الإداري بكافة مظاهرة.

(5) توفير نظام معلومات لتوثيق كل ما تقوم به المنظمة الإدارية من أعمال.

(6) تقنين حلول للحالات/ المشاكل المتماثلة بما يحقق السرعة والمساواة في التعامل.

* موقف الرابح والخاسر في الإدارة:

يقضي العمل الإداري أول ما يقتضي سيادة روح الجماعة وعمل الفريق الذي يقتضي- بدوره وجود مناخ من الود والثقة بين العاملين وبينهم وبين المدير، وبين الطرفين من جهة، وجماهير المتعاملين معهم من جهة أخرى. وحتى يتسنى ذلك فإن على كل الأطراف أن ترى في تعاونهم مجتمعة مصلحة لها، إذ لا يمكن توقع الحد الأدنى من التعاون إلا إذا تم ضمان الحد الأدنى من توازن المنافع والمصالح وتقليل الضرر إذا لزم وقوعه على بعض الأطراف. أقول ذلك لأحد أسباب تعثر العمل الإداري في الدول النامية، وهو سبب لا يتصل كثيراً بالاختصار إلى المقومات المادية والتكنولوجية، فمنها حشدنا من موارد فإنها تبقى غير كافية لوحدها، إذ لا بد من الإنسان الذي يحسن استخدامها ويوجهها الوجهة الصحيحة، إن السبب الرئيسي- لتعثر العمل الإداري هو نمط الرابح والخاسر في التعامل بين المديرين والمرؤوسين أو بين المرؤوسين أنفسهم. فلا يمكن أن نتوقع إلا سوء الأداء إذا كانت العلاقة بين هذه الأطراف علاقة غالب ومغلوب.

هناك أسئلة يشعرون المديرين أنهم مرتاحين إذا رأوا موظفيهم متآلفين؟ وكم منها يعمل جاهداً على تعزيز هذا التآلف؟ أو كم منهم يعمل على إيجاد شقة خلاف أو شرخ بين أعضاء هذه الجماعة؟

هذه الأسئلة يمكن اعتبارها اختبارها اختباراً لكفاءة العمل الإداري، وكفاءة المديرين، حيث أن اتجاه مجمل الإجابات هو الذي يحدد من هو المدير بالمفهوم العلمي ومن هو المدير المدمر لنفسه وللإدارة.

*** آليات العمل للتطوير الإداري الناجح:**

لتحقيق التطوير الإداري الناجح فإنني أقدم فكرة بسيطة للمعنيين بهذا الموضوع من الإداريين على مختلف المستويات في مختلف المؤسسات. وابتداء أن من أبجديات العمل الإداري أن يعي العاملون على مختلف المستويات الأهداف التي وظفوا من أجلها والذي يتوخى منهم تحقيقها، وبدون هذا الوعي بالهدف قد يرى الموظف أن مجرد قدومه ومغادرته للمؤسسة في الوقت المحدد هو إنجاز كافي، وهناك منهجية بسيطة في تعبئة الشواغر في المراكز القيادية وهي:

(1) أن يقوم أصحاب القرار في المؤسسة وعلى مختلف الأصعدة باستدعاء من يرون فيهم ومن يرون في أنفسهم أصحاب أحقية لشغل وظيفة قيادية معينة. ويطلب منهم وبشكل منفرد أن يضعوا تصوراً خاصاً عن برنامج عمله إذا تم تعيينه في الوظيفة على أساس واقعي وضمن الإمكانيات المتاحة ليكون ذلك الأساس الذي سيتم تقسيمه على هذا في المستقبل.

(2) ويقوم صاحب القرار بمناقشة هذه البرنامج معهم ولا مانع من أن يطلب من أصحاب هذه البرامج تقديمها ومناقشتها في اجتماع عام يعقد للعاملين في المؤسسة.

(3) ثم يختار صاحب العمل أفضل البرامج ويعين الشخص الذي يقدم البرنامج على أساسه ليكون أساساً لتقييم عمله فيما بعد.

إن جميع النقاط السابقة يساعد على تقليص عدد المشتكين من عدم عدالة أسس التعيين والترقية ومنهم حتماً من يتصور أن الوظيفة امتيازات ومغانم ولا تتطلب أي برامج حقيقة للعمل، كل ذلك من شأنه أن يساعد سواء في القطاع العام أو الخاص مسؤولية يحسب حسابها، ويتيح للمجتمع وللمسؤولين على حد سواء مراقبة الأداء لمعرفة أصحاب البصمات الإدارية والمحافظة عليهم وتشجيع الآخرين من أمثالهم على مزيد من النجاح في العمل الإيجابي.

* اقتراح بسيط لصاحب القرار في التطوير الإداري:

(1) توفير معلومات كافية عن الوظائف القيادية المطلوب إشغالها وشروطها.

(2) يتم الاجتماع بكافة المعنيين ومن يرون أنفسهم مؤهلين لشغل هذه الوظائف ويتم شرح التوقعات من شاغلي هذه الوظائف ويتم توضيح الاعتبارات الموضوعية كأساس رئيس لشغل هذه الوظائف.

(3) يطلب من كل من المهتمين والذين يرون أنفسهم أصحاب حقيقة لشغل هذه الوظائف أن يضعوا تصوراتهم وبرامجهم ولو بشكل رئيسي للوظائف المختلفة كل في مجال محدد له وخلال فترة محددة.

(4) يقوم صاحب القرار أو لجنة معه بدراسة التصورات المختلفة وفرز الأهم منها على ضوء الاعتبارات الموضوعية ويتم مناقشتها مع مقدميها واستيضاح الغامض من الأمور.

(5) يتم الدعوة للاجتماع إداري عام يحفزه الإداريون ليستمعوا إلى برامج المرشحين الرئيسين الذي تم فرزهم على ضوء الاقتناع بما قدموه من برامج وممن تتوافر فيهم الشروط الأخرى لشغل الوظائف.

(6) على ضوء ذلك كله يقوم صاحب القرار باتخاذ القرار يتعين من يراهم الأجدر بالتعيين.

*** كيف تصبح مديراً ناجحاً:**

إن إبراز المشاكل دون إعطاء الحلول تعتبر من الأمور الهامة في التطوير الإداري، حيث إن إجابتي على مثل هذه الملاحظة القيمة هو أنني إن إبراز المشاكل هو الخطوة الأولى نحو حلها، ذلك أن كثيرين قد لا يرون في بعض ممارساتهم الإدارية التي تناول ملاحظات أمثلة عن بعضها أخطاء. لذلك فإن إبراز هذه الممارسات وسلبياتها بشكل مقنع يفيد في التشخيص السليم للظاهرة الإدارية السلبية، ولا حل لمشكلة إذا لم يتم تشخيصها جيداً، فإذا عرف الداء سهل أمر اقتراح الدواء. أو مثابرة بعض المديرون على المديرين العراقيل أمام العاملين في التعيين وتقييم الأداء، وترفيع الموظفين وبيان أثارها الضارة على مثل المبادرة عند الأفراد.

كما أن علاج الآثار السلبية للأفراد باتخاذ القرارات يكون باشتراك المعنيين في أية مؤسسة في عملية اتخاذ القرارات لأن ذلك يحسن من نوعية القرار المتخذ، ويقلل من المعارضة المتوقعة له بسبب عدم فهمه أحياناً أو عدم القناعة بمبرراته أحياناً أخرى. ويمكن للمشاركة أن تزيد من درجة الالتزام بالتنفيذ كما أن محاولة تذليل الصعوبات التي نعترض سبيل العاملين وهم بصدد القيام بأعمالهم وتحفيزهم بالوسائل المختلفة في نجاح المدير أو المؤسسة. أما مشكلة التغلب على المحسوبية في تعيينه وتقويم وترقية العاملين فيمكن في توخي المدير الموضوعية في اتخاذ القرارات المتعلقة بهذه الأمور.

وعلى هذه فإن أسلوب تشخيص المشاكل وإبرازها بوضوح هو أفضل من أسلوب الوعظ والإرشاد الذي قد يراه بعض المعنيين منطقاً فوقياً لأنه يقرر سلفاً وسائل علاج لمسائل لم يتعرضوا هم بوجودها أو ولا بدون أنها بمؤسساتهم.

هوامش ومراجع الفصل الرابع

(1) القريوتي، محمد قاسم، (1996). التطوير الإداري، (ط1). المؤسسة العربية للدراسات والنشر. عمان- الأردن.

(2) **Alsayeg, Naser, (1986). Public administration and Administrative Reform in the Arab countries.**

(3) اللوزي، موسى، (2002). التنمية الإدارية، (ط2). دار وائل للنشر والتوزيع. عمان- الأردن.

(4) الصرف، رعد حسن، (2000). إدارة الابتكار والإبداع: الأسس التكنولوجية وطرائق التطبيق، الجزء الأول. سلسلة الرضا للمعلومات. دمشق.

(5) المدهون، موسى، (1999). الاستراتيجية الحديثة للتغير والإصلاح الإداري. المجلة (15). (ع3).

(6) **Richard. L. Daft, (2003). Organization theory and Design, Eighth Edition.**

(7) الأعرجي، عاصم، (1995). دراسات معاصرة في التطوير الإداري، (ط1). دار الفكر للنشر والتوزيع، عمان – الأردن.

[illegible]

(1) [illegible]

(2) Alkaraee Naser, (1996), Public administration and administrative Reform in the Arab countries.

[illegible]

[illegible]

(5) [illegible]

(6) Richard L. Daft (2003). Organization theory and Design. Eighth Edition.

[illegible]

الفصل الخامس

التحفيز في الإدارة

تمهيد:

من المؤكد أننا كبشر لسنا نشبه الآلات في شيء، لنا طبيعة خاصة، لا نعمل بضغط على زر، بل إن البشر - كل البشر- ما هم إلا مجموعة من الأحاسيس والمشاعر، والعمل لابد أن يرتبط بتلك المشاعر. ولذا فحسن أداء العمل أو سوءه يرتبط بمشاعر العاملين نحو ذلك العمل، ولذا يدرك المدير الناجح كيفية التعامل مع الأفراد لإخراج أفضل ما لديهم نحو العمل المنوط بهم عن طريق التحفيز، فما هو المدلول لتلك الكلمة السحرية؟

* تعريف التحفيز:

تعريف التحفيز: هو عبارة عن مجموعة الدوافع التي تدفعنا لعمل شيء ما، إذن فأنت - كمدير- لا تستطيع أن تحفز مرؤوسيك ولكنك تستطيع أن توجد لهم أو تذكرهم بالدوافع التي تدفعهم وتحفزهم على إتقان وسرعة العمل.

*** فما هي العوامل المهمة في التأثير على العامل؟**

أولاً: شعور العامل أنه جزء لا يتجزأ من هذه المؤسسة. نجاحها نجاح له وفشلها فشل له، المؤسسة التي يعمل فيها جزء من وجوده وجزء من كيانه، فإذا

استطاع المدير أن يوصل تلك المفاهيم إلى العاملين معه فسيكون قد وضع يده على أكبر حافز لهم، فهم لا يعملون لصالح المدير بل هم يعملون لصالح المؤسسة ككل والمدير فرد فيها.

ثانيا: اقتناع كل عامل في المؤسسة أنه عضو مهم في هذه المؤسسة: فمهما كان عمله صغيراً فلا يوجد أبدًا عمل تافه، بل يوجد إنسان تافه يأبى أن يكون إنسانًا ذا قيمة، فإذا شعر العامل بأهميته بالنسبة للمؤسسة التي يعمل فيها سيكون ذلك دافعًا كبيراً لتحسين أدائه في عمله، بل سيزيده إصرارًا على الابتكار في كيفية أدائه لذلك العمل، ولذا فالمدير الناجح هو الذي يشعر كل عامل معه مهما كان دوره بأنه أهم عضو في المؤسسة وأن عمله هو أهم الأعمال، وإذا تمكن هذا الشعور من العاملين ككل في المؤسسة فلن تعرف المدير من العامل، فكلهم في الغيرة على أداء العمل سواء، وكما كان سلفنا الصالح رضوان الله عليهم أجمعين لا تعرف القائد منهم من الجندي.

ثالثا: وجود مساحة للاختيار. لابد للمدير الناجح أن يترك مساحة للاختيار للعاملين معه، فيطرح عليهم المشكلة، ويطرح ـ مثلاًـ بدائل لحلها، ويستشير العاملين معه حتى إذا وقع اختيارهم على بديل من البدائل المطروحة عليهم تحملوا مسئوليتها مع المدير، وأصبح لدى كل واحد منهم الحافز القوي على إتمام نجاح ذلك العمل. بعد أن علمنا العوامل التي تؤثر على التحفيز نستعرض معوقات التحفيز.

إذا بذل المدير جهده ـ أو اعتقد ذلك ـ ولم يجد نتيجة مباشرة فلم يجد هناك تغيير ولا زال شعور العاملين كما هو فلابد أن هناك معوقًا من معوقات التحفيز موجودًا، وينبغي البحث عنه وإزالته.

* **ومعوقات التحفيز هي:**

(1) الخوف أو الرهبة من المؤسسة.

(2) عدم وضوح الأهداف لدى إدارة المؤسسة.

(3) عدم المتابعة للعاملين فلا يعرف المحسن من المسيء.

(4) قلة التدريب على العمل وقلة التوجيه لتصحيح الأخطاء.

(5) عدم وجود قنوات اتصال بين المديرين والعاملين فيكون كل في واد.

(6) الأخطاء الإدارية كتعدد القرارات وتضاربها.

(7) تعدد القيادات وتضارب أوامرها.

(8) كثرة التغيير في القيادات وخاصة إذا كان لكل منهم أسلوب في العمل يختلف عن سابقه.

* **العوامل التي تساعد على تحفيز العاملين:**

أما إذا أردت التعرف على العوامل التي تساعد على تحفيز العاملين وكسب تعاونهم معك فاعمل على بناء الشعور بالاحترام والتقدير للعاملين بإطرائهم والثناء على ما أنجزوه من أعمال جيدة.

(1) حاول أن تتحلى بالصبر، وأشعر العاملين أنك مهتم بهم.

(2) أفسح المجال للعاملين أن يشاركوا في تحمل المسؤولية لتحسين العمل، واعمل على تدريبهم على ذلك.

(3) حاول أن تشعر العاملين الهادئين والصاخبين، أو المنبسطين بالرضا على حد سواء.

(4) أشرك العاملين معك في تصوراتك، واطلب منهم المزيد من الأفكار.

(5) اعمل على تعليم الآخرين كيف ينجزوا الأشياء بأنفسهم، وشجعهم على ذلك.

(6) اربط العلاوات بالإنجاز الجيد للعمل، وليس بالمعايير الوظيفية والأقدمية في العمل.

(7) اسمح بل شجع المبادرات الجانبية.

(8) شجع العاملين على حل مشاكلهم بأنفسهم.

(9) قيِّم إنجازات العاملين، وبيِّن القِيَم التي أضافتها هذه الإنجازات للمؤسسة.

(10) ذكِّرهم بفضل العمل الذي يقومون به.

(11) ذكرهم بالتضحيات التي قام بها الآخرون في سبيل هذا العمل.

(12) انزع الخوف من قلوبهم وصدورهم من آثار ذلك العمل عليهم إن كانت لها آثار سلبية.

(13) اجعل لهم حصانة من الإشاعات والافتراءات.

(14) كرر عليهم دائمًا وأبدًا بوجوب قرن العمل بالإخلاص.

(15) حاول أن تجعل مجموعات العمل متناسبة في التوزيع والمهام.

(16) حاول أن تتفاعل وتتواصل مع العاملين.

(17) حاول أن توفر للعاملين ما يثير رغباتهم في أشياء كثيرة.

وهكـــذا....

*** طرق نقل الحافز إلى العاملين:**

هناك ثلاث طرق لكي تـنقل الحافز إلى العاملين:

الطريقة الأولى: التحفيز عن طريق الخوف:

بأن تذكر لهم الأخطار التي تحيط بالمؤسسة وأن الوقت يداهمنا، وعلينا أن نحاول التشبث بسفينة نوح قبل أن يأخذنا الطوفان، ومثل هذه الأقوال، وهذه طريقة تجدي في أول الأمر ثم لا تجد لها بريقًا بعد ذلك ولن تجدي ولن يكون من ورائها أي مردود إيجابي.

الطريقة الثانية: التحفيز عن طريق المكافآت والحوافز المادية:

وهذه الطريقة أيضًا تجدي في أول الأمر ولكنها لا تلبث إلا أن تخف حدتها ولا تجدي على المدى البعيد، لأن العمال إذا اعتادوا على ذلك فلن يتحركوا إلا إذا كان هناك حافز مادي ومن الممكن أن يعطوا العمل على قدر ذلك الحافز المادي فقط.

الطريقة الثالثة: مخاطبة العقل بالإقناع:

بإقناعهم أن تطور المؤسسة يعود عليهم جميعًا بالنفع ويساهم في بناء مستقبل أفضل لهم وهذه الطريقة مفيدة جدًا.

* كيف تتعامل مع الطبيعة الإنسانية للعاملين ؟

قد تفعل الكثير من أجل العاملين لرفع معنوياتهم وتحفيزهم للعمل ولا تجد استجابة، ولذا فمن المفيد أن تتعرف على الطبيعة الإنسانية للعاملين لكي تستطيع تفهم نفسياتهم، ومن ثم الوصول إلى هدفك كمدير لرفع وتنمية مهاراتهم في أداء الأعمال الموكولة إليهم، هناك نظريتان أساسيتان في التعامل مع الأفراد وخاصة لأول مرة: الأولى: تسمى نظرية (x .) والثانية: تسمى نظرية (y.) الأولي نظرية متشائمة جدًا تفترض الخطأ في كل المحيطين إلى أن يثبت العكس، كمن يقول الإنسان متهم حتى تثبت براءته، والثانية تفترض التفاؤل الكبير وتفترض الصواب في كل المحيطين إلى أن يثبت العكس، كمن يقول المتهم بريء إلى أن تثبت إدانته.

وتقوم فروض نظرية x على:

العمل شاق.. العامل كسول.. العامل لا يحب العمل.. العامل غير طموح.. العامل يتملص من المسئولية..العامل يحب الإشراف المباشر الذي يعفيه من المساءلة.. العامل لا يتحرك إلا بالمال..العامل مستعد لتقبل الرشوة بالمال حتى لو كان ضد مصلح المؤسسة..وبالتالي يكون المدير وفقًا لهذه النظرية:

ينفرد بالقرارات دون الرجوع إلى أحد.. يهيمن على سير العمل.. كل خطوة تتم في العمل تحت إشرافه.. لا يثق إلا بنفسه.. يسعى لتحقيق أهدافه بكل الوسائل.. لا يقبل كلمة نقد توجه إليه.

أما نظرية y تقوم على الفروض التالية:

الناس دائمًا تستمتع بالعمل.. العمل المحبب كاللعب لا إرهاق فيه ولا ملل.. تحقيق الإنجاز عامل مهم كالأجر تمامًا للعامل.. العمال ملتزمون بطبيعتهم.. العمال مبدعون إذا وجدوا الفرصة المناسبة.. وعليه فإن الإدارة تكون كالآتي:

القرارات بالتشاور.. يُشعر العاملين بالانتماء للعمل.. يساعد العاملين على التطور.. يشجع العمل الجماعي.

في النهاية من الواضح أن الطريقة الثانية هي أفضل للعمل ولكن أنتبه إلى محاذيرها وهي:

(1) أن يسيء العمال استخدام السلطة الممنوحة لهم.

(2) عدم وجود سياسات صارمة تجاه العمال.

(3) أحيانًا لا يهتمون بسياسة المؤسسة ويسير كل واحد منهم بمفرده.

ولكي تنجح عوامل التحفيز التي تتخذها من الضروري أن تتعرف على الاحتياجات التي يحتاجها العاملون، فينبغي:

(1) إعداد مكان عمل مريح لهم.

(2) حاول أن تجعل سلامتهم من أولوياتك وأشعرهم بذلك.

(3) تحرى إقامة العدل بينهم.

(4) حاول أن تخص المحتاجين ماديًا منهم بالأعمال الإضافية لتتحسن رواتبهم.

(5) حاول الاجتماع بهم على فترات لتستمع إليهم ويستمعوا إليك بعيدًا عن توترات العمل.

(6) أشركهم في التشخيص واطلب منهم دائمًا الأفكار الجديدة.

(7) استعمل دائما عبارات الشكر عند تحقيق الإنجاز.

(8) استعمل أسلوب الجهر بالمدح والإسرار بالذم.

(9) أعطهم دائمًا المثل والقدوة بسماحك لهم بانتقاد سياستك من أجل الوصول للأفضل.

(10) ضع نصب عينيك دائما إيجاد بديل لك أو نائب ينوب عنك عن طريق إفساح المجال للجميع لاكتساب الخبرات.

* تصميم البرامج المتعلقة بتحفيز وإدارة الموظفين:

أولاً: إدارة الأداء:

وهي العملية التي يتأكد من خلالها المدراء بأن نشاطات الموظفين تقابل الأهداف التنظيمية، ونظم إدارة الأداء تساعد على:

(1) تقديم المساعدة في تحديد ما هي سلوكيات الموظفين والنتائج والنشاطات الضرورية لمقابلة خطط المنظمة الاستراتيجية.

(2) تقدير أداء الأفراد الراجعة المتعلقة بنقاط الضعف والقوة.

(3) تستخدم في العديد من القرارات الإدارية مثل زيادات الأجور/ تحديد المحفزات/ الترقيات.

(4) يتكون نظم أداء الأفراد من ثلاثة أجزاء وهي تحديد الأداء/ قياس الأداء/ التغذية الراجعة للموظفين بالمعلومات عن أدائهم.

ولكي تحقق إدارة الأداء نتائج في التطوير يجب على المدير والموظف الاتفاق لتحديد الهدف من التطوير ومتابعة مراجعة تقدم الموظفين باتجاه الهدف، وقبول التغذية الراجعة لاتخاذ القرار باستخدام نظام إدارة الأداء أمر ضروري والمقبولية تتأثر بالمدى الذي يؤمن فيه الموظفين بعدالة النظام.

وأيضاً والتي يبني على أساسها خطة الأجر أو الحفز، كما أن المدراء بحاجة للتأكد من أن المعايير المتوقعة تستخدم في تقييم الموظفين ويسمح للموظفين في تحديد

التقييم والوقت والتغذية الراجعة وذلك لإعطاء الموظفين الفرصة لتقديم وجهات نظرهم التي تتعلق بأدائهم والطرق التي يجب أن يقيم بها وكذلك الفرصة لاستثناء أي قرار يشعروا بأنه غير صحيح.

ثانياً: تعديل السلوك التنظيمي:

وهي آلية تحفيز تبنى على أساس نظرية التعزيز والتي تمد المدراء بهيكل سلوك الإدراك من أجل تحديد وتحليل وتعديل سلوك الأفراد لتطوير الأداء، ويتضمن تعديل السلوك التنظيمي خمس خطوات هي:

(1) تحديد السلوك المراد تغييره والسلوك الذي يجب أن يكون قابل للملاحظة.

(2) قياس تكرار حدوث السلوك.

(3) تحليل نتائج السلوك.

(4) تطبيق استراتيجيات التأثير أو التغير.

(5) اختبرا فاعلية استراتيجيات التأثير أو التغير لتحديد ما إذا كانت تقود إلى تغيير السلوك الذي تم ملاحظته.

ثالثاً: الإدارة بالأهداف:

وهي النظرية التي يقوم من خلالها المدير والموظفين بتحديد الأهداف لكل قسم أو مشروع والفرد لمراقبة الأداء لاحقاً، وحتى تكون بالأهداف ناجحة لا بد من اتخاذ الخطوات الآتية:

(أ) وضع الأهداف والتي تتضمن الموظفين في جميع المستويات، ووضع الهدف الجيد الذي يجب أن يكون محدد بشكل زمني وتحديد المسؤوليات وأن يكون منسجم وواقعي.

(ب) تطوير خطط الأداء وذلك بتحديد الأداء المطلوب لتحقيق الأهداف الموضوعية وعلى مستويات الأفراد والأقسام.

(ج) مراجعة التطور وذلك بشكل دوري لتأكد من أن خطط الأداء تعمل

(د) تقييم الأداء وهي أن تقييم ما تم تحقيقه من الأهداف السنوية لكل من الأفراد والأقسام.

فوائد الإدارة بالأهداف:

(1) جهود المدير والموظفين تركز على النشاطات التي ستقود إلى تحقيق الهدف.

(2) الأداء يمكن تطويره في جميع المستويات للمؤسسة.

(3) أهداف الأفراد والأقسام تلتقي مع أهداف الشركة.

(4) الأفراد محفزين.

مشاكل الإدارة بالأهداف:

(1) التغييرات المتواصلة تمنع الإدارة بالأهداف من التطبيق.

(2) ضعف العلاقة بين حرية التوظيف والموظف يضعف فاعلية الإدارة بالأهداف.

(3) آلية التنظيم والقيمة التي لا تشجع المشاركة يمكن أن تضر بعملية الإدارة بالأهداف.

(4) كثرة الأعمال الورقية تستنفذ طاقة الإدارة بالأهداف.

رابعاً: حافز الأجر:

وهي طريقة لتحفيز الموظفين لرفع مستويات الأداء، ويتضمن حافز الأجر المكافآت التي يتلقاها الموظفين والتي تشمل أسهم/النقد/.

إن العلاقة بين الحوافز المادية والأداء يلاحظ من خلاله أن الحوافز المادية لا ترتبط بنوعية الأداء ولكنها ترتبط بكمية الأداء.

وهناك انتقادات ظهرت والتي تقول أن المكافآت المالية لا تحفز نوعية السلوك الذي تريده المنظمة وتحتاجه، وهناك انتقادات أخرى تتضمن ما يلي:

(1) المكافئات الخارجية تضعف المكافئات الداخلية، حيث عندما يتم تحفيز الموظف لتحقيق مكافآت خارجية والتي عادة ما تكون زيادات أو مكافئات أو استحسان المشرف فإنهم يركزون على المكافئات أكثر من تركيزهم على العمل الذي يقومون فيه من أجل تحقيقه. وعليه فإن الرضا الداخلي في عملهم يساعد على إبقاء أدائهم موجهاً نحو تحقيق المكافآت في أسوء الأحوال، وعليه فإن الموظفين يمكن أن يرتكبوا الأخطاء وتسبب حدوث العمل المخفية من أجل الفوز بمكافآت أمنية.

(2) المكافأة الخارجية المؤقتة، أن الحوافز الخارجية يمكن أن تحقق نجاح قصير الأمد ولكنها لا تحقق أداء مرتفع على الأمد البعيد، فعندما يؤكد الموظفين على المكافئات بدون الاهتمام بالعمل سيؤدي إلى احتمال احتفاء الإبداع والابتكار والاكتشاف.

(3) المكافئات الخارجية، والتي تفترض بأن الفرد ينقاد إلى أدنى مستوى من الحاجات، فالمكافئات مثل الزيادة في الراتب والجوائز التي يحصل عليها الفرد تدفع الأفراد في سلوك يكون موجه لإشباع مستوى متدني من الحاجات.

خامساً: التمكين:

وهو تفويض السلطة للمرؤوسين في المنظمة، فزيادة قوة العاملين بشكل كبير تعتبر حافز لإنجاز المهام لأن الشخص يطور كفاءته ويختار طرق لإنجاز المهمة واستخدام إبداعهم وابتكارهم.

حيث أن التمكين يعزز الحوافز الموجودة في المنظمة تلقائياً. إن تمكين الموظفين يعني إعطائهم أربعة عناصر تمكنهم من العمل بشكل أو بحري أكبر لإنجاز أعمالهم وهي تتضمن:

(1) المعلومات عن أداء المنظمة.

(2) المعرفة والمهارات للمساهمة في أهداف المنظمة.

(3) القوة في القرارات الجوهرية.

(4) المكافئات تبنى على أساس أداء الشركة.

التمكين فـي التخطيط الاستراتيجي:

يعد تطبيقات التمكـين مـن أهـم الخطـوات التـي تسـاعد عـلى إشراك المـوظفين في الخطط الاستراتيجية، حيث في الوقت الحاضر تكون بعض الشركات بإشراك الموظفين مـن كـل المستويات في المنظمة في عميلة التخطيط الاستراتيجي، مثل هذه المنظمات تعـرف بمـنظمات التعليم والتي تعرف في البيئة التنافسية والمعقدة في قطاع الأعمال والتي يتم التخطيط بشكل تقليدي مـن خـلال اختيـار لـبعض ولـيس الكـل في الأعـمال الطويلـة، والتفكـير الاسـتراتيجي، والتنفيذ الذي يصبح متوقع من كل موظف والتخطيط يصبح حي عندما يشارك المـوظفين في وضع الأهداف وتحديدها من أجل تحقيقها.

ولكي تصبح منظمتك منظمة تعليم وموظفين ممكنـين يجـب اتبـاع الخطـوات المهمـة التالية:

(1) ابدأ برسالة قوية من خـلال إشراك المـوظفين والتـزامهم في المـنظمات المنافسـة وهـذا يساعد على التزامهم وتحفيزهم واتخاذ قرارات وتخطيط.

(2) وضع أهداف ممتدة واسعة من اجل إثارة الموظفين للتفكير بطرق جديدة.

(3) خلق بيئة تشجع التعليم تساعد على الإبداع والمرونة في العمل.

(4) تصميم قواعد جيدة لموظفي التخطيط تساعد على جمـع البيانـات وعمـل التحلـيلات الإحصائية وعمل المهام الأخرى المختصة.

(5) أعمل تطوير مستمر لطرق الحياة من خلال إشراك الجميع في التخطيط الـذي يشـجع الموظفين على التعلم والنمو المستمر، وهذا يساعد المنظمة على تحسين قدراتها.

(6) التخطيط ما يزال يبدأ ويتوقف في القمة وذلك من خلال إظهار المدراء الدعم والالتزام بعملية التخطيط ويجب على المدراء تحمل المسؤولية عندما يكـون التخطـيط ووضـع الأهداف غير فعالة بدلاً مـن إلقـاء المسـؤولية عـلى المـدراء مـن المسـتويات الـدنيا أو العاملين.

هوامش ومراجع الفصل الخامس

(1) العميان، محمد سلمان، (200). السلوك التنظيمي في منظمات الأعمال، (ط2). دار وائل للنشر والتوزيع، عمان - الأردن.

(2) **Daft, Richard, L. and Noe, Raymond, (2001). Organization Behavior. Harcot college publishers. USA.**

(3) **Robbms, p.stephen, (2003). Organization Behavor. Reed. Prentice-Hall, INC. New Jersey.**

(4) ماهر، أحمد، (2003). السلوك التنظيمي، مدخل بناء المهارات، الدار الجامعية. القاهرة.

(5) صالح، محمد فالح، (2004). إدارة الموارد البشرية، (ط1). دار الحامد للنشر والتوزيع، عمان - الأردن.

(6) زويلف: مهدي حسن، (1984). مبادئ الإدارة: نظريات ووظائف، كلية الاقتصاد والعلوم الإدارية، عمان - الأردن.

[illegible]

(1) [illegible]

(2) Daft, Richard L. and Noe, Raymond, (2001), Organizational Behavior, Harcourt college publishers, USA.

(3) Robbins, Stephen, (2003), Organization Behavior, Prentice Hall INC., New Jersey.

(4) [illegible]

(5) [illegible]

الفصل السادس

إدارة التطوير والتغيير الإداري

*** مفهوم التطوير التنظيمي:**

عرفه ريتشارد بأنه جهد مخطط على مستوى التنظيم ككل تدعمه الإدارة العليا لزيادة فعالية التنظيم من خلال تدخلات مخططة في العمليات التي تجري في التنظيم، مستخدمين في ذلك المعارف التي تقدمها العلوم السلوكية.

مساهمات الفكر الإداري في التطوير التنظيمي:

- المدرسة التقليدية (نظرية الإدارة العلمية) كان تركيزها على الإنتاجية.
- تجارب الهوثورن التي تناولت العمل الجماعي، واعتبرت الاهتمام بالعنصر الإنساني سلباً أم إيجاباً يؤدي إلى زيادة الإنتاجية.
- النظرية الإدارية والبيروقراطية ركزت على تقسيم العمل دون إعطاء أي اعتبار للجوانب الشخصية.
- أسلوب تدريب الحساسية وذلك بإشراك الإدارة العليا والأفراد في عمليات صنع القرار.
- خلاصة القول جهود هذه المرحلة تركزت على ضرورة حفز الأفراد على العمل والتعاون مع الاهتمام بإشباع رغبات الأفراد العاملين.

مرحلة الفكر الكلاسيكي:

ظهور نظرية الإدارة العليا ونظرية المبادئ الإدارية وكان التركيز هنا على زيادة الإنتاجية وتحقيق الكفاءة والفعالية وأهملت البعد الإنساني، وتعرف نظرية الإدارة العلمية هي ذلك النوع من الإدارة التي تدبر الأعمال من خلال معايير مهمة بناءاً على حقائق يتم الحصول عليها من خلال الملاحظة المنظمة والتجربة، أما نظرية المبادئ الإدارية فقد ركزت على ضرورة وضع مبادئ عالمية يمكن الاعتماد عليها في العمل التنظيمي وكذلك الإداري.

جهود هذه المرحلة:

تضمنت مفاهيم منها إن التطوير هو زيادة الإنتاجية واستخدام الأسلوب العلمي وتبسيط الإجراءات وجعل بيئة المنظمة مستقرة وكان يعتمد على القوة والإجبار وما يؤخذ عليهم هو إهمالهم للجوانب الإنسانية.

مرحلة الفكر السلوكي:

ظهر نتيجة لقصور الفكر الكلاسيكي في معالجة الجانب الإنساني وكان جوهر هذه الجهود تجارب الهوثورن وقد توصلت هذه المرحلة إلى ارتفاع الروح المعنوية للعاملين وزيادة إنتاجهم، وهناك أيضاً عوامل أخرى تعمل على زيادة الإنتاجية مثل ديناميكية الجماعة والقيادة.

جهود هذه المرحلة:

أظهرت أهمية الفرد العامل في الإدارة والمنظمات وأبرزت دوره في الإنتاجية، وإن التطوير يجب أن يشمل الأفراد وإن مفهوم التطوير كان نتيجة لكل من التدريب المخبري والبحث الإجرائي.

- أسلوب التدريب المخبري:ظهر في منتصف الأربعينات وكان يعتمد على أساس وجود مجموعة من الأفراد العاملين يترك لهم المجال للتفاعل والتعلم من بعضهم ومن خلال ذلك يتم إدخال التغييرات المطلوبة في سلوكهم.
- أسلوب البحث الإجرائي: وقد ركزت على جماعة العمل وتشخيص المعلومات والقضايا ذات العلاقة بالمنظمة واستخدام المنهجية العلمية لحل وتشخيص المشكلات بأسلوب علمي خاصة فيما يتعلق بعمليات الإنتاج والتخطيط وإتخاذ القرارات.

* الاتجاهات الحديثة في الإدارة ودورها في التطوير التنظيمي:

نجمت عن وجود اختلافات بين أفكار المراحل السابقة:

أولاً: مدرسة اتخاذ القرارات:

ما قدمته كان نتيجة حتمية لعدم قدرة الفكر السلوكي وما تضمنه من نظريات على إعطاء تفسيرات علمية لبعض المتغيرات السلوكية والتنظيمية، وذلك بسبب إهمالها الجانب الإنساني واهتمامها بالجوانب الهيكلية.

- نظرية التوازن التنظيمي: تقوم على أن الأفراد داخل المنظمة يعملون بشكل جماعي وإن قراراتهم تتأثر بمدى مساهمة كل منهم في صنع القرار، أي أن يتحقق توزان بين أهداف المنظمة وتحقيق أهداف الأفراد.

- نظرية النظام التعاوني: تقوم على ثلاثة أساسيات هي:

1. إتخاذ القرارات على مستوى الأفراد والمنظمات.
2. التنظيم الرسمي والنظام التعاوني.
3. التنظيم غير الرسمي والنظام التعاوني.

* مساهمات مدرسة اتخاذ القرارات في التطوير التنظيمي:

اهتمت بالتنظيمات غير الرسمية ونبهت الفكر التنظيمي إلى متغيرات كثيرة منها المتغيرات الهيكلية والسلوكية والبيئية، حيث ركزت على أن المنظمات هي نظام مفتوح تتعامل مع البيئة المحيطة بالإضافة إلى تركيزها على الجوانب الكمية في الإدارة.

ثانياً: إدارة الموارد البشرية:

كان دورها مقتصر على حفظ السجلات وتخزين البيانات بمؤهلات العاملين وبعد عام1964م تطور دورها ليتضمن متغيرات أخرى مثل حقوق الأفراد والسلامة العمالية وتدريب العاملين وتنمية مهاراتهم ووضع ناظم أجور عادلة والتركيز على الجوانب الإنسانية.

جهود إدارة الموارد البشرية فـي التطوير التنظيمي:

لعبت دوراً كبيراً في تحديد الاحتياجات التدريبية والوظيفية، ما تضمنت مفهوم التخطيط الإستراتيجي للإدارة وأصبحت عمليات توزيع الموارد البشرية تستند على أسس علمية تأخذ في الاعتبار التوافق بين القدرات البشرية والواجبات الوظيفية وساهمت هذه المفاهيم في إيجاد الحلول للمشكلات الإدارية.

ثالثاً: مرحلة النظام المفتوح والتطوير التنظيمي:

تعود إلى أوائل الستينات وتصور المنظمات كنظام مفتوح ومتكامل يتكون من اجزاء مترابطة متبادلة التأثير، ونظرية النظم تركز على ضرورة إيجاد طريقة للتنسيق من خلال معرفة العلاقة بين البيئة المحيطة بالمنظمة وما تقدمه من مدخلات ودرجة التفاعل بينهم وتتضمن هذه العمليات: (المدخلات - الأنشطة: العمليات التحويلية- المخرجات - البيئة- التغذية الراجعة).

جهود نظرية النظم:

ساهمت بشكل كبير من خلال تأكيدها على التداخل بين الجزاء والعلاقة بين النظام وبيئاته والعلاقة بين المتغيرات الفنية والسلوكية، كما أسهمت في الابتعاد عن فلسفة التوازن بين الإدارة والعمال وضرورة العمل على قبول فكرة الصراع والتناقض والاهتمام بمنازعات العمال والرضا عن العمل.

رابعاً: مرحلة المدخل التكاملي:

تركزت في قضايا القوة والنزاع التنظيمي والتغير في الجوانب التنظيمية وركزت جهودها على دراسة جوانب الاختلاف بين المنظمات، وتعتمد على دراسة وفهم القوانين والأنظمة التي تحكم التنظيم مما يساعد على فهم العمليات التنظيمية والبناء التنظيمي وعوامل القوة والاستمرار وعوامل التوافق والتكييف في السلوك التنظيمي من خلال السياسات الداخلية المتمثلة في أنظمة الحوافز والقيادة والاتصال والرقابة ونظم المعلومات والمسؤوليات والسلطة والتركيز على دراسة المشكلات التي تواجه وتهدد حياة المنظمات الإدارية.

جهود المدخل التكاملي:

وتشمل الجهود دراسة المنظمة وتفاعلاتها مع البيئة وقدرتها على الاستمرار وتحقيق الأهداف المطلوبة، كما تعالج أسباب اضمحلال المنظمة وزوالها إما نيجة لوجود عيوب قد تكون في البيئة كنقص الموارد أو نتيجة لخلل في البناء التنظيمي والسياسات الإدارية مثل أنظمة الحوافز والقيادة الفعالة وأنظمة التحفيز والعلاقات التنظيمية.

خامساً: مرحلة المدخل الموقفي:

تركز على محاولة فهم المواقف المختلفة التي تواجه التنظيم بهدف إيجاد حلول مناسبة لكل موقف مع الأخذ بالاعتبار مبدأ الواقعية والابتعاد عن المثالية قدر

الإمكان، ويتم ذلك من خلال دراسة الواقع ومقارنته مع الظروف البيئية المحيطة لمعرفة المواقف التي تضطر المنظمة فيها إلى إتخاذ قرارات ضرورية أو حاسمة وقد سعت هذه المرحلة إلى دراسة المواقف التنظيمية وأهمها:

- عدم الاستقرار والثبات في حياة المنظمات الإدارية.

- التأثير المتبادل بين اجزاء المنظمة الإدارية.

- الاختلاف في الحالات التنظيمية من وقت لآخر.

جهود المدخل الموقفي:

أكد المدخل الموقفي حاجة التنظيم المستمر إلى إحداث التغيير التنظيمي لإحداث توازن حركي ونسبي بين متطلبات نجاح التنظيم وبقائه من جهة، وبين متطلبات مناخه التنظيمي من جهة، كما أن التغيرات البيئية تدعو إلى إحداث تغييرات تنظيمية دائمة بهدف تحقيق التأقلم والتكيف المطلوب للبيئة والاستقرار والأمن الوظيفي.

* الإدارة بالأهداف ومساهماتها في التطوير التنظيمي:

يؤدي تطبيق هذا الأسلوب إلى الدقة في تحديد الأهداف وتوضيحها وكذلك البحث في تقييم الأداء والتحليل الكمي وحسابات التكاليف.

نظرية Z وجهودها في التطوير التنظيمي:

تحاول هذه النظرية القيام بتحقيق التكامل بين عناصر الإدارة اليابانية والإدارة الأمريكية وتتمثل هذه العناصر وفقاً لهذه النظرية في:

التشغيل طول الحياة- المرونة في العمل- نظام الأب الروحي- المسؤولية المتجه لأعلى- تحمل المسؤولية للأفراد العاملين- ربط التقييم والترقية - الاعتدال في التخصص.

الإدارة والفكر التنظيمي والتحديات من عام 1990م:

تركزت جهود هذه المرحلة على تحقيق التنمية الإدارية الناجحة من خلال البناء التنظيمي السليم ومحاولة الوصول إلى تحقيق الأهداف بيسر وسهولة وبتكاليف أقل ومن ثم محاولة مواجهة المنافسة العالمية، فهناك تحديات عالمية تواجه المنظمات تتمثل في:

ثورة المعلومات- الخصخصة- إدارة الجودة- الهندسة الإدارية- اتفاقية الجات- المساومات الاجتماعية.

وكمثال: اتفاقية الجات تعني تحرير التجارة العالمية ضمن مفهوم الاقتصاد الكوني وهذا يؤدي إلى زيادة حدة المنافسة بين المنظمات وبالتالي يصبح البقاء للأقوى والأفضل حيث يتطلب ذلك الالتزام بسلسلة المواصفات العالمية وتطبيق مفهوم إدارة الجودة الشاملة من أجل الإرتقاء بمستويات الأداء وتحسين نوعية المنتجات، ويترتب عليها صراع بين المنظمات يتمثل في المنافسة القوية.

* علاقة إدارة الجودة الشاملة في التطوير التنظيمي:

تتمحور العلاقة من خلال الولاء والرضا الذي يتناول ثلاثة اتجاهات تشمل المالكين والعملاء والموظفين، فتطبيق إدارة الجودة الشاملة من خلال استخدام الإمكانيات البيئية المتوافرة من بشرية ومادية وتكنولوجية يؤدي إلى التطوير التنظيمي ويترتب على ذلك تحسين الأداء بشكل يحقق الرضا، وهذا الرضا يترتب عليه حصول الولاء تجاه المنظمة الأمر الذي يترتب عليه زيادة الأرباح مما ينعكس على شكل رضا من المالكين، ويعني ذلك زيادة الاستثمار والتطوير واستخدام أساليب عمل جديدة وتنمية قدرات الأفراد العاملين.

*** مناهج التطوير التنظيمي:**

1) الشبكة الإدارية: تتكون من ستة مراحل يساعد تطبيقها على زيادة كفاءة الأفراد والمنظمات ويركز على الجانب الإنساني والجانب التنظيمي ويقدم هذا الشكل أنماطاً سلوكية على المدير والمنظمة الاستعانة بها لتجنب المشكلات الإدارية، ومراحلها هي:

- الحلقة التدريبية، ويتم فيها تدريب الأفراد الأقل مستوى في المنظمة الإدارية على إيجاد الحلول للمشكلات الإدارية.

- تنمية روح الفريق، يقوم المديرون بتطبيق ما تم تعليمه وذلك بهدف خلق التعاون بين الأفراد العاملين.

- تنمية العلاقات بين الجماعات.

- تطوير نموذج مثالي ، وذلك بتطوير نموذج يتضمن عرضاً للأهداف والهيكل التنظيمي وطرق اتخاذ القرارات ونظم الحوافز والمعوقات.

- تطبيق النموذج، وهنا يلتزم المديرون بالتغيرات المطلوبة لتحسين الوضع في منظماتهم.

- رصد ومراقبة النموذج المثالي، وذلك من خلال استبيان مكون من فقرات يهدف إلى دراسة السلوك الفردي والعمل الجماعي والعلاقات بين الجماعات وحل المشكلات.

2) نظام ليكرت: وهو أن هناك أربع نماذج للقيادة تبدأ بالاستبدادي ثم المشارك والديمقراطي والارستقراطي وفي الأخير تكون الثقة بين القائد ومرؤوسيه معدومة ولا يوجد تفويض وتقوم العلاقة المتبادلة على الخوف.

3) أسلوب تدريب الحساسية: يهدف إلى مساعدة الأفراد على فهم حقيقة قيمتهم ودوافعهم واتجاهاتهم ومن ثم العمل على تنمية مهاراتهم وتوجيه النقد البناء لبعض الأنماط السلوكية غير المرغوب فيها.

4) بناء الفريق: يعمل على تنمية وتغيير ثقافة وقيم الأعضاء المشاركين عن طريق تعرضهم لخبرات عملية ونظرية بشكل ينعكس إيجاباً على سلوكهم وتعاملهم أثناء العمل.

5) أسلوب البحث الموجه: يعتمد على تطبيق المنهجية العلمية باستخدام البيانات بهدف التعلم والتطوير والتغيير، ويعتمد على دراسة العلاقة بين المتغيرات التنظيمية ومحاولة إعطاء تفسيرات علمية حول طبيعة هذه العلاقات بشكل يساعد الإدارة على إيجاد الحلول المناسبة.

التغيير التنظيمي والتطوير:

- التغيير التنظيمي هو إحداث تعديلات في أهداف وسياسات الإدارة أو في أي عنصر من عناصر العمل التنظيمي بهدف ملائمة أوضاع التنظيم أو استحداث اوضاع تنظيمية وأساليب إدارية وأوجه نشاط جديد يحقق للمنظمة سبقاً عن غيرها.

- إن التغيير هو إستجابة ونتيجة طبيعية للتغيير الذي يحدث على التنظيمات والقدرة على التكيف والإستجابة وتعتبر محاولة المنظمات لإحداث تغيير محاولة لإيجاد التوازن البيئي للتغيرات التي تحدث في المناخ المحيط، والتغيير التنظيمي يسعى إلى تحقيق مجموعة من الأهداف منها:

(1) الإرتقاء بمستوى الأداء.

(2) تحقيق درجة عالية من التعاون.

(3) تقليل معدلات الدوران الوظيفي.

(4) التجديد في مكان العمل.

(5) تطوير الموارد البشرية والمادية.

(6) إيجاد التوازن مع البيئة المحيطة.

(7) ترشيد النفقات.

(8) استخدام الأسلوب العلمي لحل المشكلات.

(9) تحديث وتطوير أنماط السلوك التكنولوجي.

(10) للتغيير مجالات عديدة منها:

(11) تقنية التنظيمات وتتضمن المجال التكنولوجي.

(12) تغيير اتجاهات وقيم الأفراد العاملين (البعد الإنساني).

(13) تغيير المهام والوظائف (المجال الوظيفي).

(14) الهياكل التنظيمية (المجال الهيكلي).

*** استراتيجيات التغيير التنظيمي:**

أولاً:- اتجاه التفويض: وفيه يطلب من الأفراد دراسة المنظمة دراسة تحليلية بهدف عطاء معلومات كاملة عن المجالات والأبعاد المراد تغييرها سواء في الجانب التنظيمي أو الإنساني وذلك بهدف التوصل إلى اتخاذ قرار موضوعي حول إدخال آليات التغيير المطلوب.

ثانياً:- اتجاه استخدام القوة: ويكون هذا الاتجاه ضمن:

- إجبار الإدارة العليا للإدارة الدنيا على ضرورة التغيير المطلوب.

- استبدال الأفراد أو إعادة توزيع الموارد البشرية للحصول على أفراد راغبين في إدخال التغيير.

- إعادة التصميم للهيكل التنظيمي.

ثالثاً:- المشاركة: ويتم من خلال قيام الإدارة بتحديد المشكلة موضوع الدراسة ثم استخدام المنهجية العلمية لوضع بدائل عدة، وهنا يطلب من العاملين المشاركة في اختيار البديل المناسب أو أن تقوم الإدارة والعاملون معاً بتحديد المشكلة ودراستها واختيار البديل الأفضل.

*** المشكلات التي تواجه التغيير التنظيمي:**

*** من أسباب ظهورها:**

المصالح الذاتية.

سوء الفهم وعدم وجود مشكلة.

الاختلاف في تقديرات وتصورات العاملين.

الخوف لدى العاملين من التغيير.

*** من المشكلات التي تواجه التغير:**

(1) التناقض بين حاجات التنظيم وأهدافه وحاجات الأفراد ورغباتهم وتتبلور هذه المشكلة في كيفية توحيد الاحتياجات والرغبات.

(2) الصعوبة في توزيع الصلاحيات والمسؤوليات ومهام العمل داخل المنظمات الإدارية.

*** من أدوات تخفيف حدة هذه المشكلات:**

الأسلوب	المواقف التي يستخدم فيها	المزايا	العيوب
1. التعليم والتبليغ.	عند عدم وجود معلومات دقيقة للتحليل.	الاقناع يساعد على تنفيذ التغيير	يحتاج لوقت طويل إذا كان عدد الأفراد كبير
2. المشاركة.	عند وجود مقاومة كبيرة.	التزام المشاركين بما يشاركون بوضعه	مضيعة للوقت إذا شاركوا بما لا يتلاءم مع التغيير
3. التسهيل والدعم.	عند وجود مقاومة بسبب عدم التكيف.	لا يوجد أسلوب محدد لمعالجة عدم التكيف.	أخذ وقت أطول ومكلف.
4. التفاوض والاتفاق	عند تعرض شخص للخسارة جراء التغيير.	طريقة سهلة نسبياً.	قد تكون مكلفة إذا طالب آخرون.
5. المناورة والاستقطاب	حين تفشل الوسائل الأخرى	خلل غير مكلف	إمكانية حدوث مشكلات مستقبلية
6.الترهيب الصريح والضمني	عند وجود حاجر للسرعة بوجود السلطة	سريع على كافة أنواع المفاومة.	يمكن أن يؤدي إلى المخاطرة.

*** من أدوات تنفيذ الأساليب:**

دراسة الحالة - النقاش - المحاضرة - المباريات الإدارية - الأفلام- التدريس المبرمج- لعب الأدوار - تدريب الحساسية - المحاضرة التلفزيونية.

* السلوك التنظيمي وطبيعته:

(1) السلوك الفطري الذي لا يحتاج إلى عمليات التعليم.

(2) السلوك المكتسب نتيجة التعلم والاحتكاك بالبيئة المحيطة (وهذا المطلوب).

وتتم دراسة السلوك من خلال دراسة وفهم الدور الذي يقوم به الأفراد في التنظيم، ويتكون السلوك التنظيمي من مكونات سلوك الفرد المتمثلة في طبيعة الفرد والإدراك والاتجاهات والتعلم الشخصي ثم التحفيز وعملياته ثم النظام الشخصي- (القيم والأهداف والقدرات والمهارات والخبرات والضغوطات وعمليات التكيف)، والجزء الثاني يتمثل في سلوك الجماعة من حيث الأبعاد الاجتماعية (التكوين ، المعايير، المنزلة، الأدوار، والترابط، القيادة).

العوامل المحددة للسلوك التنظيمي:

(1) الدوافع والحوافز: الدوافع هي حاجات مختلفة ومتنوعة يسعى الفرد إلى إشباعها بإتباعه أنماط سلوكية مختلفة ويزداد الدافع كلما كانت الحاجة غير مشبعة، أي أن الدوافع هي طاقات كامنة في النفس الإنسانية تنبع من داخل الفرد وتوجه في اتجاه معين وبنمط سلوكي محدد.

(2) الاتجاهات والقيم: تعرف الاتجاهات بأنها نظام متكامل من المفاهيم والمعتقدات والعادات والدوافع والميول السلوكية ويمكن اعتبارها مشاعر الأفراد تجاه الأشياء المحيطة بهم وهي مشاعر إما إيجابية أو سلبية، أما القيم فهي المعتقدات التي يعتقد الأفراد بقيمتها ويلتزمون بها وبمضامينها.

(3) الشخصية: هي عبارة عن نظام من الاتجاهات والقيم والميول والاستعدادات التي تحدد نمط استجابة الفرد وتكيفه مع البيئة المحيطة، ويمكن تعريفها بأنها تلك الخصائص والسلوكيات الفردية المنظمة بطريقة معينة بحيث تعكس فردية التأقلم الذي يبديه الفرد تجاه البيئة.

(4) الإدراك والتعلم: هو ما يقوم به الفرد من تنظيم وترتيب للخبرات والتجارب التي يمر بها، وكذلك تفسيراته واتجاهات وتعامله مع البيئة من خلال ما يحمله من معلومات وخبرات، وتتكون العمليات الإدراكية من ثلاث خطوات:

1. الوعي أو الإنتباه.
2. ترجمة للمنبهات الواردة.
3. تحديد الفعل أو السلوك المناسب.

أما التعليم فهو عبارة عن التفاعلات التي تتم بناءاً على مواقف معينة وينتج عنها تغيير في السلوك، ويمكن تعريف التعليم بأنه تغيير ثابت نسبياً في السلوك يحدث نتيجة للتجربة.

(5) الجماعات وتأثيرها على السلوك الوظيفي: فسلوك الفرد كفرد يختلف عنه عندما يكون هذا الفرد عضواً في جماعة العمل بسبب ما تفرضه هذه الجماعة من قيود ومعايير على سلوك الفرد بهدف إتباع أنماط سلوكية دون غيرها في المواقف المختلفة.

الجوانب النظرية للسلوك التنظيمي:

(1) النظرية السلوكية: تحاول إعطاء تفسيرات للسلوك وترى هذه النظرية أن الأنماط السلوكية للأفراد تتكون نتيجة لبعض المنبهات الحسية والحركية التي تؤدي إلى إثارة بعض الأفعال مما يترتب عليها أنماط سلوكية.

(2) نظرية الرشد: وترى أن الإنسان يتمتع بقدر جيد من الرشدانية في اختيار أنماط سلوكية معينة في استخدام موارده وممتلكاته بالطريقة وبالأسلوب الذي يراه مناسباً وفقاً لتقديراته وتصوراته.

(3) التحليل النفسي: واضع هذه النظرية العالم النفسي- فرويد الذي يرى أن السلوك يتمثل فيما يعرف بغريزة الحياة وتتضمن الأفعال الإيجابية التي يقوم بها الإنسان، وغريزة الموت وتتضمن الأفعال العدوانية الصادرة عن الإنسان.

(4) نظرية جشطالت: ترى هذه النظرية أن بيئة الإنسان تتكون من عناصر متداخلة متفاعلة وأن أي تغيير في هذه العناصر قد يسبب للفرد حالة من عدم التوازن وعدم الاستقرار ونتيجة لهذا الشعور يبدأ الفرد بعمليات البحث والدراسة ويتبع نمطاً سلوكياً معيناً لكي يتخلص من حالة القلق والتوتر.

* **مفهوم القوة والأهمية:**

القوة هي القـدرة أو الطاقـة للتـأثير في سـلوك الأفـراد الآخـرين، أوهـي قـدرة أحـد الأطراف في التغلب على الطرف الآخر لغاية تحقيق بعض الأهداف.

مصادر القوة فـي التنظيم:

(1) المركز الوظيفي.

(2) الصفات الشخصية.

(3) الحصول أو السيطرة على المعلومات.

(4) الخبرة.

(5) اغتنام الفرص في الوقت المناسب والمكان المناسب.

مناهج القوة:

يقل تمتع الوحدة بالقوة كلما اتجهنا إلى اسفل الهرم التنظيمي في المنظمـة الإداريـة، ويمكن معرفة المحددات التالية للقوة:

(1) إذا كان العمل ذا تخصص دقيق يصعب أن تقوم به وحدة أخرى: فيلاحظ أن للوحـدة قوة إدارية كبيرة تميزها عن غيرها.

(2) الترابطات: أي إذا كان مخرجات عمل إحدى الوحدات تدخل بصورة رئيسية في عمـل وحده أخرى.

(3) سرعة العمل: أي إذا كانت سرعة عمل إحدى الوحدات ضرورية لاستمرارية العمل الكلي.

أساليب استخدام القوة (استراتيجيات القوة):

الأكثر استخداماً:

(1) التبرير: إظهار الحقائق والمعلومات لإضفاء المنطقية على ما يتم عرضه.

(2) التحالف: هو محاولات الأفراد أو الوحدات الحصول على دعم الآخرين لغايات تحقيق الأهداف.

(3) التودد: هو إظهار الليونة والمداعبة وإظهار الصداقة قبل إصدار الأمر.

(4) المساومة: هي استخدامات التفاوض لتبادل المنافع.

(5) التعزيز: هو استخدام المكافأة أو الطلب مباشرة من الأفراد للقيام ببعض الأعمال التي سبق أن تم طلبها.

الأقل استخداماً:

السلطة الأعلى.

* مفهوم الصراع وطبيعته:

الصراع التنظيمي هو أحد الأشكال الرئيسية للتفاعل ويمكن أيضاً تعريف الصراع بأنه إرباك أو تعطيل للعمل ولوسائل اتخاذ القرارات بشكل يؤدي إلى صعوبة

المفاضلة والاختيار بين البدائل، وحيث أشار معظم الكتاب إلى أن وجود الصراع عند مستوى معين يعتبر حافز ويعتبر أيضاً أحد مصادر القوة لرفع الأداء الوظيفي للأفراد والجماعات ولكن وصول الصراع إلى مستوى عالي يترتب عليه آثار سلبية أكثر منها إيجابية.

مراحل تطور الصراع:

- الفكر الإداري التقليدي يرى أن تجنب الصراع في المنظمات الإدارية أمر ضروري.

- الفكر السلوكي يرى الصراع داخل المنظمات الإدارية أمر طبيعي في حياة الأفراد وحياة المنظمات.

- المدرسة التفاعلية ترى أن الصراع ضروري ومهم لإنجاز الأعمال بفعالية.

*** الاستشارات الإدارية والتطوير التنظيمي:**

مفهوم الاستشارة الإدارية:

- الاستشارة هي خدمة لمنظمة ما يقدمها خبير أو فريق من الخبراء المتخصصين، وتتضمن إجراء دراسة للمنظمة تحديداً للمشكلات التي تواجهها وتقديم التوصيات المناسب لها ومساعدتها في تنفيذ التوصيات المقترحة.

- أيضاً هي محاولة منظمة بوساطة أشخاص مدربين وذوي خبرة لمساعدة الإدارة في مشكلاتها وتحسين عملياتها بوساطة تطبيق حلول موضوعية معتمدة على معلومات متخصصة ومهارات وتحليل منظم للحقائق.

- هي خدمة مقدمة من فرد أو عدة أفراد مؤهلين ومستقلين لتحديد وبحث المشكلات المتعلقة بالسياسات العامة، والتنظيم والإجراءات والأساليب، ووضع التوصيات العلمية المناسبة، والمساعدة في تنفيذ هذه التوصيات.

خصائص الاستشارة الإدارية:

- تمثل مصدراً للمعلومات.
- تمثل خدمة مستقلة.

أنواع الاستشارات:

1) حسب المستوى:

- الاستشارات الإدارية: ويمكن معالجة موضوعات منها (إعادة البناء التنظيمي وتبسيط الإجراءات وطرق الأداء وتحديد الاحتياجات التدريبية ومراجعة أسس الاختيار).

- الاستشارات الفنية: ويمكن معالجة موضوعات منها (الإنتاج والمباني والمعدات والآلات).

2) حسب المصدر:

- الاستشارات الداخلية: وهي التي تتم من خلال الاستعانة بالكفاءات والقدرات الداخلية لمعالجة القضايا.

- الاستشارات الخارجية: تعني الاستعانة بخبراء وخبرات وقدرات خارجية لمعالجة القضايا.

3) حسب النماذج الخاصة في الاستشارات:

- نموذج الشراء: حيث يأتي المستشار للمنظمة والقيام بمهمة معينة ومحددة كطلب إجراء بحوث أو القيام بدراسات معينة.

- نموذج الطبيب والمريض (المتابعة): تتمثل في طلب استشاري تقليدي للقيام بفحص ودراسة وتحليل الوضع التنظيمي لمنظمة ما.

مجالات الأنشطة التي تتضمنها الاستشارات الإدارية:

- المجال الإداري: ويتضمن المجال التنظيمي- المجال الشامل - التخطيط بعيد المدى- الإدارة العليا- المديرين التنفيذيين.

- مجال الإنتاج: ويتضمن تصميم المصانع - أساليب الإنتاج - الوقت - جدولة وبرمجة الإنتاج- الرقابة- الصيانة العامة للمصانع.

- مجال الشؤون المالية: ويتضمن المحاسبة وأنظمتها - محاسبة الوظائف- الرواتب والأجور- السجلات- التدريب.

- مجال التحليل البياني: ويتضمن دراسات الكمبيوتر- اختيار الأجهزة - البرمجة والجدولة - تدريب الموظفين.

- مجال تخفيض التكاليف: ويتضمن تحليل النظم- تبسيط الأعمال- قياس العمل- المكافآت التشجيعية.

أهداف الاستشارات الإدارية:

(1) تقليل وترشيد الإنفاق.

(2) تقديم التوصيات المحايدة.

(3) إعطاء فرصة للإفراد لتنمية مهارتهم التدريبية.

مراحل العملية الاستشارية:

عند ظهور المؤشرات الدالة على وجود مشكلة إدارية أو تنظيمية في التنظيم، كزيادة التكاليف، أو زيادة الدوران الوظيفي أو تدني الإنتاج أو محاولة إحداث تغيير... الخ، تبرز الحاجة إلى القيام بإجراء الدراسات حتى يتم تشخيص المشكلة ومن ثم تبدأ العملية الاستشارية بالظهور، ولكي يتم فهم العملية الاستشارية لا بد من التطرق إلى خطوات الاستشارة الإدارية التي تتمثل في:

1) تحديد المهمة: والقيام باختيار المستشار الإداري أو الجهة التي ستتولى عملية البحث والدراسة لتحديد المشكلة الإدارية.

2) التخطيط: أي تحديد أساليب العمل والنشاطات المترتبة على عملية تقديم الاستشارة.

3) جمع المعلومات: وتعتبر من أهم وأدق أعمال المستشار حيث تتوقف فعالية الاستشارة على دقة المعلومات وأهميتها.

4) تحليل المعلومات ووضع التوصيات: ويتم في هذه الحالة بعد الدراسة العلمية لأبعاد المشكلة وتشخيصها، تعريف المشكلة وتحديد أسبابها وتقديم الحلول البديلة واختيار البديل الأكثر ملائمة.

5) تقديم التوصيات: يتم تقديم هذه التوصيات والحلول إلى الإدارة ويراعى فيها الموضوعية والدقة والأمانة.

6) التنفيذ والمتابعة: وهنا يجب وضع جدول زمني يتم بموجبه تنفيذ الاستشارة في حالة قبول التوصيات والمقترحات.

خطوات الاستشارة الإدارية:

أولاً:- تحديد أبعاد المشكلة الإدارية.

ثانياً:- الجهات التي ستقوم بتقديم الاستشارة الإدارية.

ثالثاً:- المصداقية والثقة.

رابعاً:- الإعداد للعملية الاستشارية.

خامساً:- تخطيط العملية الاستشارية.

سادساً:- تنفيذ العملية الاستشارية.

سابعاً:- الرقابة على العملية الاستشارية.

ثامناً:- كتابة التقارير في العملية الاستشارية.

*** إدارة الجودة الشاملة والتطوير التنظيمي:**

يعتبر من المفاهيم الحديثة التي بدأ تطبيقها وذلك لتحسين وتطوير نوعية الخدمة والإنتاج والمساعدة في مواجهة التحديات الشديدة وكسب رضا الجمهور، والجودة هي القيام بالعمل بشكل صحيح ومن أول خطوة مع ضرورة الاعتماد على تقييم العمل في معرفة مدى تحسين الأداء.

عناصر إدارة الجودة الشاملة:

(1) تعهد والتزام الإدارة العليا بمبدأ تحسين إدارة الجودة، أي اهتمام الإدارة بالعمل على تحسين نوعية وجودة الخدمات أو السلع.

(2) وضع الخطط بصورة مستمرة لتحسين الخدمة، ويمثل التخطيط الناجح بقاء واستمرارية التنظيمات.

(3) الاهتمام بجمهور الخدمة، أي رضا الجمهور هو الهدف الأساسي.

(4) تدريب العاملين على إدارة الجودة الشاملة، وله مكانة مهمة في إنجاح عملية تطبيق إدارة الجودة حيث يساعد على تحقيق الأهداف التالية:

(5) تزويد الأفراد بمعلومات متجددة عن بطبيعة الأعمال والاساليب.

(6) إعطاء الأفراد الفرص الكافية لتطبيق هذه المعلومات والمهارات.

(7) مشاركة الأفراد العاملين في عمليات اتخاذ القرارات، إن مشاركتهم تؤدي إلى رفع الروح المعنوية وتحسين الاتجاهات والعلاقات بشكل ينعكس على الإنتاجية.

(8) تشكيل فرق العمل، العمل على تكوين فريق عمل من أفراد تتوافر لديهم المهارات والقدرات اللازمة لمعالجة المشكلات وذلك بهدف تحسين نوعية وجودة الخدمات والسلع المنتجة.

(9) تحديد معايير قياس الجودة، وتتضمن مراعاة الدقة والتنظيم والوقت في حالة تقديم الخدمات والعمل على توفر المعلومات ومعالجة المشكلات التي تواجه الجمهور أثناء الحصول على الخدمة.

(10) مكافأة العاملين، وذلك لإشباع حاجاتهم ودفعهم لبذل قصارى جهدهم لتحقيق أهداف التنظيم.

متطلبات تطبيق إدارة الجودة الشاملة:

(1) أن تكون المنظمات على علم ومعرفة باحتياجات العملاء والعمل على تطوير مخرجاتها بما يتماشى مع احتياجات الأفراد وذلك من خلال (اللقاءات مع العملاء- واستخدامات الدراسات الاستطلاعية- والاتصال المباشر مع العملاء).

(2) ضرورة تعرف المنظمات على منافسيها في السوق المحلي والعالمي.

(3) أن تكون على معرفة بنتائج عدم تطبيق الجودة في الخدمات أو المنتجات التي تقدمها.

(4) العمل على تحديد أهداف كل وحدة إدارية فيما يتعلق بإشباع حاجات عملائها الداخليين والخارجيين.

(5) التأكد من فهم ومعرفة الأفراد العاملين لمفهوم إدارة الجودة الشاملة ومتطلبات تطبيقها.

(6) عدم القبول بتقديم أي خدمات أو سلع لا تنطبق عليها مواصفات إدارة الجودة الشاملة.

(7) اعتماد تطبيق مفهوم البوادر الوقائية وليس العلاجية عند القيام بتطبيق مفهوم إدارة الجودة الشاملة.

فوائد تطبيق إدارة الجودة الشاملة:

(1) تحسين نوعي الخدمات والسلع المنتجة.

(2) رفع مستوى الأداء.

(3) تخفيض تكاليف التشغيل.

(4) العمل على تحسين وتطوير إجراءات وأساليب العمل.

(5) زيادة ولاء العاملين للمنظمة.

(6) زيادة قدرة المنظمات على البقاء والاستمرار.

أما الفوائد التي يجنيها الأفراد العاملون نتيجة لالتزامهم بتطبيق إدارة الجودة الشامل فهي:

(1) إعطاء العاملين الوقت والفرصة لاستخدام خبراتهم وقدراتهم.

(2) تنمية مهاراتهم من خلال المشاركة في تطوير أساليب وإجراءات العمل.

(3) توفير التدريب اللازم.

(4) إعطاؤهم الحوافز الملائمة للجهود التي يبذلونها.

وهناك بعض التوصيات الضرورية الواجب أخذها في الاعتبار لنجاح تطبيق إدارة الجودة الشاملة:

(1) تقديم الوضع الراهن للمنظمة.

(2) ضرورة معرفة الأسباب والمشكلات التي تدفعها إلى تطبيق إدارة الجودة الشاملة.

(3) وضع برامج تدريبية للمستويات الإدارية بكافة.

(4) ضرورة توفير ما يعرف بدليل الجودة.

(5) توفير قاعدة معلوماتية وبيانات ضرورية.

(6) تطبيق أنظمة حوافز مادية ومعنوية جيدة.

التخطيط الاستراتيجي للجودة الشاملة:

يقصد به وضع وتحديد أهداف رئيسية للحصول على جودة طويلة الأجل، وكذلك الخطوات الرئيسية التي تتبع لتحقيق تلك الأهداف، ووضع مؤشرات ومقاييس لقياس مستوى الأداء.

خطوات الخطة الاستراتيجية:

(1) تهيئة المرحلة، أي تهيئة الأجواء وخلق جو عمل جديدة وذلك (بإشراك العاملين - والعمل على تغيير ثقافة المنظمة السائدة- ووضع برامج تدريب تناسب البيئة الجديدة).

(2) تطوير رسالة المنظمة وإيضاحها، تعتبر حجر الأساس في إنجاح التخطيط الاستراتيجي.

(3) التعرف على المشكلات الداخلية، وذلك تجنباً للإرباك والفوضى ومحاولة العمل على تقديم الحلول لتجنب عنصر المفاجأة أثناء العمل.

(4) تطوير الإستراتيجية، يجب أن يكون شاملاً لكل أبعاد الخطة ولا بد من توافر الأبعاد التالية:

- الخدمات التي سيتم تطويرها.
- متطلبات واحتياجات الجمهور.
- تطوير ثقافة الجودة.

- وضع الأهداف الطويلة الأجل.

- وضع المقترحات.

- وضع التقرير.

خطوات تنفيذ الجودة الشاملة:

(1) مرحلة الإعداد: يتم التأكد من فريق العمل وقدرته على تنفيذ المهام من حيث المهارات والكفاءات والتدريب، وكما يتم وضع الخطوط المستقبلية لسير العمل والإجراءات.

(2) مرحلة التحضير: وفي هذه المرحلة يتم التخطيط لتنفيذ برنامج الجودة الشاملة.

(3) مرحلة التنفيذ والتطبيق: وفي هذه المرحلة تتم المرحلة مراجعة أعمال فريق العمل وتفعيل دوره ومناقشة تطوير العمل من خلال الاجتماعات واللقاءات الدورية.

الاتجاهات الحديثة في إدارة الجودة:

* جوزيف جوران: ركز في مجال ما هو مطلوب من الإدارة القيام به في موضوع الجودة، وقد ركز في مساهماته على:

- العمل على ضرورة تحسين الجودة.

- تنمية مهارات العاملين من خلال التدريب.

- وضع تقارير تبين مراحل العمل المنجز.

- الاعتراف للآخرين بالإنجاز.

- تشكيل وبناء تنظيم يعتمد على (تشكيل مجلس لدراسة الجودة - حفظ سجلات الإنتـاج- إدخال التحسين المستمر).

* فيليب كوسبي: ركزت أفكاره على مفهومين:

1) العناصر الأساسية للتطوير:

- تعرف الجودة بأنها المطابقة للمواصفات.

- العمل على منع حدوث الأخطاء.

- الأداء على أن يكون منتجاً أو خدمة ممتازة.

2) تحسين الجودة وعناصره:

- الإصرار من قبل الإدارة العليا.

- تعليم جميع الأفراد وتدريبهم.

- التطبيق الفعلي.

* إدوارد ديمنج: ركز على المبادئ التالية:

- ضرورة تحسين أنظمة العمل والخدمات بصورة مستمرة.

- التركيز على أهمية القيادة.

- تقليل وتخفيف الحواجز بين الأقسام داخل التنظيم.

- استخدام المنهجية العلمية.

- ضرورة عدم التعارض بين الأهداف.

- ضرورة إدخال التغيير.

- إيقاف الاعتماد على الاختبار بقصد كشف الأخطاء.

- إيجاد علاقة طويلة مع الأطراف.

- العمل على إزالة الخوف لدى فريق العمل.

- التوقف عن تهديد العاملين.

- وضع برامج تعليم.

- إعطاء الفرص لرفع الروح المعنوية.

- إشراك الأفراد في عملية التحويل والتطبيق.

معوقات تطبيق إدارة الجودة الشاملة فـي القطاع الحكومي:

(1) عدم وجود منافسة في القطاع العام.

(2) تأثير العوامل السياسية في إتخاذ القرارات.

(3) تأثير قوانين الخدمة المدنية.

(4) وعدم وضوح الأهداف.

(5) عدم تطبيق أنظمة العقوبات والمساءلة في حالة التجاوزات.

(6) عدم إعطاء أي اهمية لعملية قياس وتقييم الأداء.

(7) الافتقار إلى وجود نظام حوافز جيد.

(8) تغلب المصلحة الشخصي على المصلحة العامة.

(9) عدم توافر الخبرات والمهارات الجيدة.

(10) عدم توافر أنظمة تكاليف فعالة وأنظمة معلومات.

(11) عدم التركيز على تشجيع الإبداع والابتكار.

دور إدارة الجودة الشاملة في التطوير التنظيمي:

يوضح الشكل الآتي العلاقة بين التطوير التنظيمي وإدارة الجودة الشاملة من خلال بعدي الرضا والانتماء:

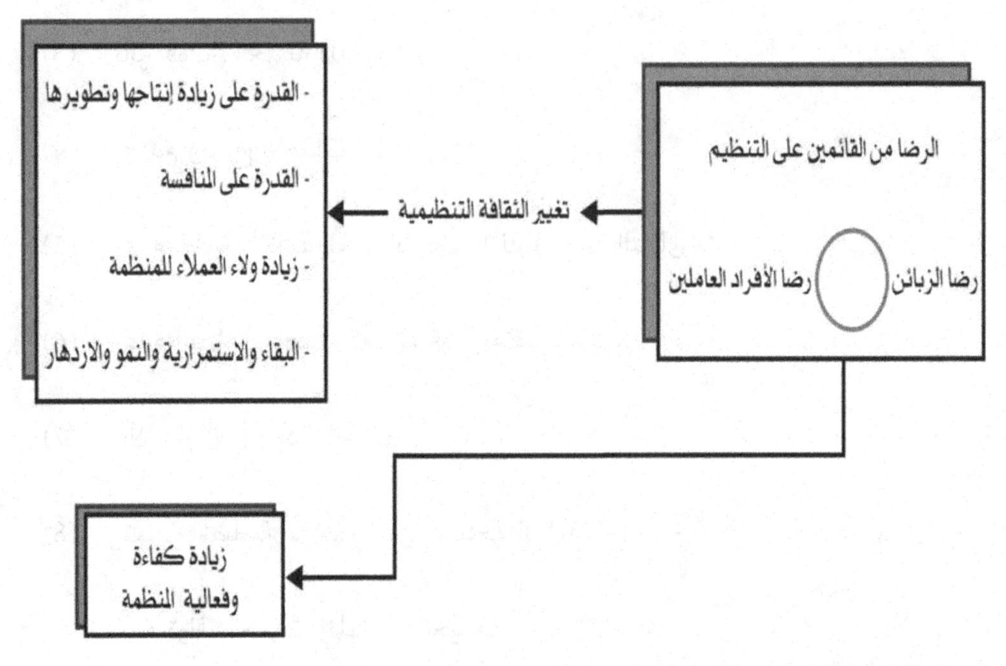

المنظمة الدولية للمواصفات والمقاييس (ايزو 9000):

أيزو: هي اختصار لأسم المنظمة الدولية للمواصفات والمقاييس وهي الهيئة صاحبة الاختصاص بإصدار المواصفات العالمية.

9000: سلسلة المواصفات التي تهتم بإدارة الجدوى في الصناعة والخدمات.

وتهدف المنظمة إلى رفع المستويات القياسية ووضع المعايير والاختبارات والشهادات المتعلقة بها من أجل تشجيع التجارة على المستوى العالمي.

معايير الجودة العالمية:

(1) في كافة أعمالها (كشراء المواد من مصادرها، ومراجعة متطلبات العميل للتأكد من وضوحها، وتصميم المنتج، خدمة البيع).

(2) أن تلتزم المنظمات بشروط الجودة وتطبيقاتها على أيدي أشخاص مؤهلين وقادرين.

(3) ضرورة توافر برامج تدريب داخلية للعاملين.

(4) أن يكون نظام الجودة ومواصفاته العالمية موثقاً على شكل (دليل الجودة، دليل إجراءات العمل، دليل تعليمات العمل).

(5) ضرورة إثبات قدرة المنظمة على القيام بتنظيم أعمالها.

(6) ضرورة ممارسة الرقابة الإدارية للتأكد من خطوات تطبيق إدارة الجودة وإتباع سلسلة المواصفات العالمية في المنتج.

متطلبات تطبيق الإيزو 9000:

(1) مسؤولية الإدارة: وهنا يتم تحديد الجهات المسؤولة عن سير العمليات الإدارية للتأكد من حسن سيرها.

(2) نظام الجودة: ضرورة دراسة ومعرفة أنواع النشاطات والمهام التي تؤثر على جودة ونوعية المنتج ودراسة نظام الجودة وتقييمه.

(3) مراجعة القيود: للتأكد من قدرة المنظمة على تلبية حاجات الجمهور.

(4) ضبط التصميم: أي مواصلة العمل للتأكد من السيطرة على سير العمليات وإن المواصفات قد تم تحقيقها.

(5) ضبط الوثائق: اعتماد التنظيم والدقة في تنفيذ الأعمال واجراءات العمل.

(6) الشراء: تحديد متطلبات وثائق المشتريات وتحديد آلية اختيار الموردين وتوضيح المسؤوليات المترتبة عليهم.

(7) المواد المشتراه لتصنيع: التأكد من نوعية المواد وشروط استخدامها.

(8) السيطرة على العملية الإنتاجية: منذ البدء بالعملية الإنتاجية بما في ذلك التخطيط وتوافر المواصفات في المنتج.

(9) التأكد والرقابة: التأكد من توافر متطلبات النجاح وتحديد الأشخاص المسؤولين عن هذه العمليات.

(10) ضرورة توافر أجهزة الرقابة والتأكد وإجراء الاختبارات.

(11) إظهار نتائج الاختبارات للمنتج أو الخدمة.

(12) ضبط وأحكام المنتج غير للمنتج أو الخدمة.

(13) الإجراء الصحي: وذلك (بدراسة ومعرفة سبب عدم مطابقة المنتج -تحليل البيانات ودراستها- تطبيق ضوابط التأمين وإتخاذ الإجراءات التصحيحية- تنفيذ التعديلات).

(14) التخزين والتعبئة.

(15) سجلات الجودة.

(16) المراجعة الداخلية: للتأكد من أن أنشطة ومهام الجودة تعمل على تحقيق خطة الجودة المطلوبة.

(17) التدريب: العمل على تحديد الاحتياجات التدريبية.

(18) الخدمات.

(19) الأساليب الإحصائية المستخدمة.

فوائد تطبيق الأيزو 9000:

(1) العمل على زيادة قدرة المنظمات على التنافس.

(2) تطوير الوثائق التي تسجل الإجراءات والعمليات وطرق العمل لتحقيق المواصفات العالمية.

(3) رفع مستوى الأداء وتغيير ثقافة المنظمة إلى الأفضل.

(4) بناء علاقات قوية مع العملاء.

(5) تعليم المسؤولين في المنظمة أساليب المراجعة والتقييم الذاتي.

(6) إعطاء العاملين شعوراً بالثقة ورفع الروح المعنوية لحصولهم على شهادة الجودة العالمية.

(7) تحسين عمليات الاتصال الداخلي والخارجي.

(8) زيادة الأرباح.

(9) استمرارية تحقيق الجودة العالية في المنتجات.

(10) تحقيق الرقابة على كل النشاطات الداخلية.

(11) فتح أسواق جديدة لتسويق الخدمات والسلع.

* الهندرة الإدارية والتطوير التنظيمي:

مفهوم الهندرة الإدارية:

- هو البدء من جديد أي من نقطة الصفر وليس إصلاح وترميم الوضع أو إجراء تغييرات تجميلية بل التخلي التام عن إجراءات العمل القديمة الراسخة والتفكير بصورة جديدة مختلفة لتحقيق رغبات العملاء.

- وهي أيضاً إعادة التفكير المبدئي الأساسي وإعادة تصميم العمليات الإدارية بصفة جذرية بهدف تحقيق تحسينات جوهرية فائقة في معايير الأداء الحاسمة مثل الكلفة والخدمة والسرعة.

- ويمكن تعريف مفهوم الهندرة الإدارية بأنه ذلك الانتباه الحاد والحذر في الفجوة التنظيمية بين التنظيمات القائمة فيما يتعلق بمستويات الأداء والإنتاج من خلال العمل على تطوير وتحديث أساليب العمل بشكل يساعد على إحداث طفرة في الأداء خلال فترة قصيرة.

علاقة إدارة الجودة بالهندرة الإدارية:

إدارة الهندرة الإدارية	إدارة الجودة الشاملة
- تعمل على ما ترغب المنظمات الإدارية تحقيقه ولكن في فترة وجيزة. - تهدف إلى إحداث تغييرات جذرية ولكن بصورة تدريجية. - يحتاج تطبيقها إلى المتابعة والرقابة اليومية.	- تعمل على تحقيق ما ترغب المنظمات بصورة بطيئة. - تعمل على تحقيق تحسينات إضافية جديدة. - عند تطبيقه بصورة أساسية لا حاجة إلى الرقابة الإدارية الدائمة والمستمرة عليه.

فوائد تطبيق إدارة الهندرة الإدارية:

(1) لا بد من تجميع الأعمال ذات التخصصات الواحدة في مكان واحد لتوفير الوقت والتكاليف وتجنب الإرباك وتتحول وحدات العمل إلى فرق عمليات.

(2) زيادة مستوى الأداء الجماعي الرامي إلى تقليل الصراعات التنظيمية بين أعضاء الفريق.

(3) تساعد على إعطاء الأفراد العاملين استقلالية أكثر من التدريب.

(4) تساعد على اعتماد التعليم لزيادة المهارات أكثر أثناء تأديتهم لأعمالهم بدلاً من الرقابة.

(5) تحول التركيز في معايير الأداء والمكافآت من الأنشطة إلى النتائج، حيث يتم تقييمهم ومكافآتهم على أساس المنتج النهائي لأعمالهم وبشكل جماعي.

(6) تتحول معايير الترقية من الأداء إلى القدرة، وهذه تؤدي إلى خلق روح المنافسة مما ينعكس على جودة ونوعية السلعة أو الخدمة.

(7) العمل على تغيير الثقافة التنظيمية السائدة، أي يتم إدخال مفاهيم وأفكار واتجاهات جديدة تركز على نوعية الخدمة ورضا الجمهور.

(8) يتحول التنظيم من هرمي إلى أفقي، حيث تنتقل عمليات اتخاذ القرارات إلى فريق العمل بدلاً من الإدارات.

(9) يتحول التنظيم المسئولون من مراقبين إلى قياديين، أي أن يكون هدفهم الأول هو التركيز على كيفية تصميم العمل وإنجازه بدلاً من التركيز على أساليب القيادة التقليدية.

(10) يتحول المديرون من مشرفين إلى موجهين، نظراً لتكوين فرق العمل يتحول المديرون إلى أفراد يساعدون العاملين في تحسس المشكلات التنظيمية والعمل على وضع حلول لها.

متطلبات تطبيق الهندرة الإدارية:

(1) أن تكون التنظيمات طبقت مفهوم إدارة الجودة الشاملة على السلع والخدمات كمتطلب أساسي لتطبيق مفهوم الهندرة.

(2) أن تكون هناك حاجة وقناعة تامة من قبل الإدارة بالعمل على إدارة الهندرة الإدارية، فعند عدم تحقيق طفرات في الأداء من خلال تبني إدارة الجودة تصبح الحاجة ملحة لتطبيق الهندرة الإدارية.

(3) ضرورة دعم الإدارة العليا.

(4) ضرورة ابتكار أساليب عمل جديدة وكوادر بشرية جديدة وذلك للتخلص من الأساليب القديمة.

(5) ضرورة التركيز على العمليات وليس الإيرادات، لأن ما يهم الجمهور هو نوع الخدمة أو السلعة وليس الإدارات.

(6) التركيز على نوعية وتركيبة فرق العمل التي تقوم بأداء العمل كونها تتمتع بدرجة عالية من الاستقلالية والمرونة.

(7) التركيز على الابتكار والإبداع في العمليات التنظيمية.

(8) ضرورة التخطيط العلمي لإنجاح تطبيق الهندرة ودراسة البيئة التنظيمية للتعرف على كل المتغيرات.

(9) محاولة التقليل من مقاومة العاملين وذلك بتوعيتهم بأهمية هذا المفهوم والفوائد التي تعود عليهم.

الهندرة الإدارية والقطاع الحكومي:

تطبيق هذا المفهوم لابد أن يسبقه النجاح في تطبيق إدارة الجودة الشاملة وقد أشرنا سابقاً إلى معوقات تطبيق إدارة الجودة عدم وجود المنافسة، وتأثير العوامل

السياسية والاقتصادية والاجتماعية على عمليات اتخاذ القرارات، فالهندسة الإدارية تتطلب توفير درجة عالية من المرونة والاستقلالية والموضوعية، ولتذليل هذه الصعوبات لابد من إدخال تغييرات كثيرة في الأنظمة والقوانين وطرق استقطاب الموارد البشرية وكيفية توزيعها واعتماد برامج تدريب حديثة ودعم ذلك مادياً من قبل الإدارة العليا.

علاقة الهندرة بالتطوير التنظيمي:

إن تطبيق الهندرة الإدارية بمزايا متعددة تساعد على تحقيق التطوير التنظيمي، وهذه المزايا تتمثل في:

(1) إعطاء التنظيمات مرونة عالية من خلال تمتع فرق العمل بصلاحيات واسعة وممارسة اتخاذ القرارات بدرجة عالية من الاستقلالية.

(2) اعتماد معايير تقييم الأداء الجماعي وإعطاء الحوافز بناءاً على المنتج النهائي لفرق العمل.

(3) اعتماد فرق العمل على منهجية الإبداع والابتكار للمحافظة على الوضع التنافسي- وزيادة القدرة على مواجهة التحديات.

(4) طبيعة فرق العمل التي تقوم على أساس التنظيم الجوي.

اتفاقية الجات والتطوير التنظيمي:

اتفاقية الجات هي المفاهيم الاقتصادية التي ساعدت على ظهور المفاهيم الحديثة مثل إدارة الجودة والهندرة إدارية وقد استبدلت في العام 1994 بمنظمة التجارة العالمية، وتهدف إلى وضع معايير للتبادل الاقتصادي بين الدول الأعضاء، وإن تطبيقها تعني إزالة الحواجز بين الأعضاء والعمل على تحرير التجارة العالمية من خلال:

- خفض التعرفة الجمركية.

- خفض نسبة الضرائب على الاستيراد للثلث.

- إجبار الحكومات على وقف الدعم المقدم للصناعات المحلية.

ويدل الشكل التالي على هذه الاتفاقية.

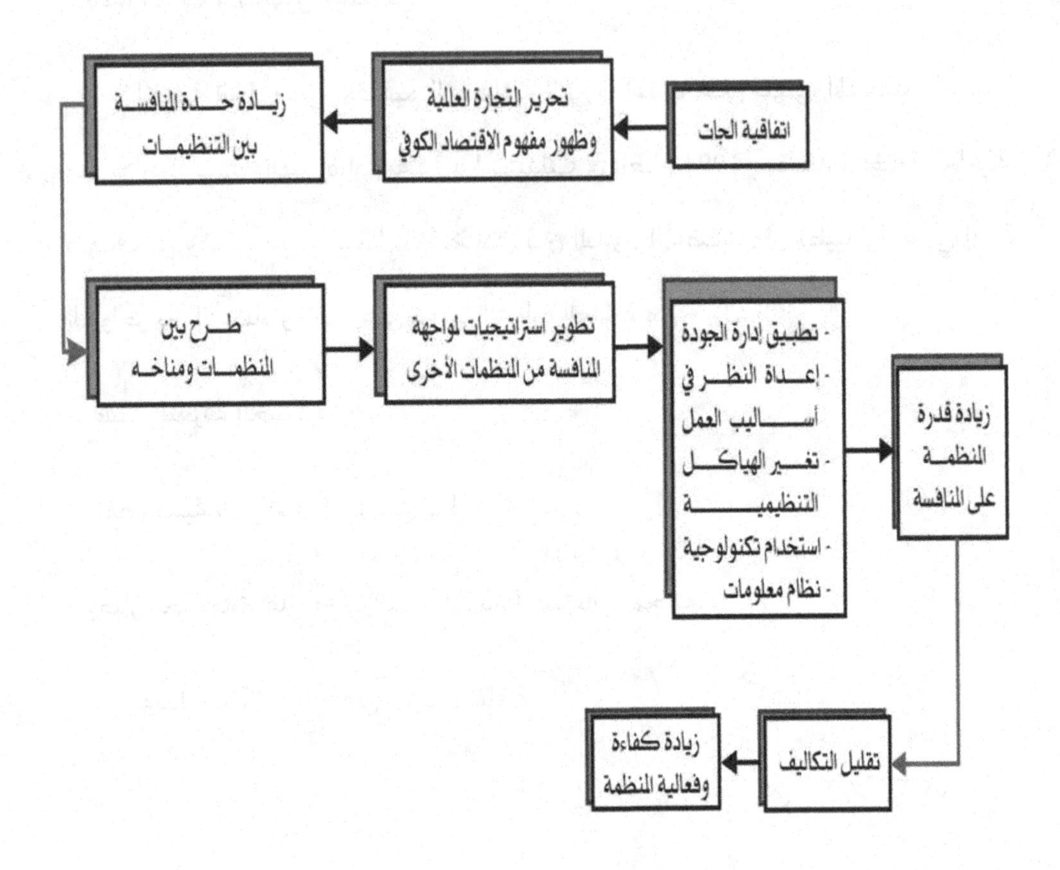

* الموارد البشرية وتطويرها كمدخل للتطوير التنظيمي:

الموارد البشرية وبيئة التنظيم:

تعتبر الموارد البشرية الجزء الأهم فهو يؤثر ويتأثر بالتنظيم ويعكس ذلك الاهتمام وجهة النظر الإداري التي تركز على العمل لرفع إنتاجية العنصر البشري بما يؤدي لرفع الإنتاجية الكلية للتنظيم، ولن يتم ذلك إلا عن طريق تنمية قدراته ومواهبه وخلق مناخ وبيئة ملائمة للإبداع البشري، وأهم ما يؤثر في كفاءة العنصر

البشري هو مدى توافر العديد من العوامل كالحوافز والسياسات الإدارية الجيدة والقيادة الفعالة والمناخ التنظيمي، ويؤثر وجود هذه العوامل على التنظيم بشكل عام.

إدارة شؤون الأفراد والتطوير التنظيمي:

يتضمن الهيكل التنظيمي إدارة شؤون الأفراد وعملها وضع السياسات المتعلقة باختيار وتعيين وتدريب الأفراد العاملين وتنمية مهاراتهم وزيادة ثقتهم بالتنظيم وتحقيق التعاون ورفع الروح المعنوية للحصول على إنتاجية عالية، ويطلب نجاح هذه الإدارة في تحقيق أهدافها توفر ما يلي:

- التمتع بموقع جيد داخل الهيكل التنظيمي وذلك يساعدها في تحقيق أهدافها وواجباتها.
- تحديد علاقتها مع الإدارات الأخرى من خلال وضع وصف لكل وحدة إدارية ووضع وصف للواجبات المشتركة مع الإدارات الأخرى.
- توفير التكنولوجيا المساعدة في تحقيق الأهداف.
- إعطائهم السلطة والصلاحيات التي تساعدها على تنفيذ واجباتها.
- تقديم كل الدعم لها من قبل الإدارة للعمل على بناء قوة عمل فعالة.
- ربطها مع أجهزة تخطيط وتنمية القوى العاملة الخارجية لتحقيق التوازن بين المنظمة والبيئة.
- تقديم الدعم المادي.

- توفير مناخ تنظيمي سليم يساعد على التعاون والانتماء والرغبة في العمل.

- ربطها بالهياكل المسؤولة عن التغيير والتطوير الإداري.

آليات تطوير الموارد البشرية:

أولاً: أنظمة التعليم المعتمد في إعداد قوة العمل، وتتضمن الأبعاد التالية:

- توفير الحد الأدنى من التعليم ومحو الأمية.

- تنمية قدرات الأفراد على التفكير والإبداع.

- تعزيز برامج التعليم بما يتلاءم مع المستجدات.

- توافر حرية التفكير والعمل الأكاديمي.

- تعزيز القيم والاتجاهات التنموية وتصحيح العيوب في الأنظمة والقيم الحالية.

- استخدام التكنولوجيا التعليمية.

- ربط برامج التعليم بمتطلبات التنمية الشاملة.

- ربط مساقات التعليم مع احتياجات السوق.

- التنسيق والربط بين أجهزة تعليم القائمة عليه.

ثانياً: تطوير آليات تخطيط قوة العمل:

يهدف التخطيط إلى القيام بعمليات التنبؤ وتحديد الاحتياجات من قوة العمل وكيفية الحصول عليها وتحديد مصادرها، وينظر للتخطيط على أنه عملية التأكد من توافر الكمية والنوعية الجيدة من القوى البشرية في المكان والزمان الملائم، ولتبني استراتيجية لتخطيط قوة العمل يجب الأخذ بالتالي:

- الموارد المالية للمنظمة ووضعها الحالي وتأثيرها على خطط المنظمة.

- ضرورة ربط أهداف المنظمة بتخطيط القوى العاملة.

- سياسات التشغيل الخارجية.

- أوضاع سوق العمالة من حيث العجز والفائض في النوعية والمستويات.

- سياسة الهجرة وما يترتب عليها.

ثالثاً: تطوير آليات الاختيار والتعيين:

* يجب أن تستند عملية التعيين والاختيار على:

- مبدأ الاستعداد والصلاحية.

- مبدأ الجدارة والكفاءة.

- مبدأ العمل الملائم للمؤهلات والميول والقدرات.

* ولكي تستطيع المنظمة القيام بعملية الاختيار والتعيين عليها أن تراعي ما يلي:

- ربط تخطيط القوة العاملة الداخلية بالاحتياجات الفعلية.

- دراسة وتحليل الأوضاع الداخلية للتنظيم من حيث تركيبة قوة العمل والأبعاد المادية.

- العمل على استغلال المصادر الداخلية والخارجية.

- تتبع المنهجية العلمية في الاختيار.

رابعاً: تطوير آليات التدريب:

* حتى ينجح المدرب يجب أن يتمتع بالمهارات التدريبية التالية:

- العمل مع المتدربين كجماعة.

- قيادة جماعات المتدربين.

- الاتصال الايجابي.

- تقييم الأداء.

- التجريب وترجمة الأهداف السلوكية للمادة التدريبية.

- التحليل والتقييم والمتابعة.

- الملاحظة المنهجية للتعرف على مشاعر وأحاسيس المتدربين.

* ويجب أن يمر البرنامج التدريبي بعدة مراحل منها:

- مرحلة التعرف والاكتشاف.
- مرحلة تحديد الأهداف المرغوبة من التدريب.
- مرحلة بلوغ حد القوة في تطوير الجماعة فيما يتعلق بإكساب المهارات والقدرات للمتدربين.
- مرحلة الوصول إلى تحقيق الثقة الإيجابية.
- مرحلة تحقيق الهدف، أي قدرة المتدربين على إكتساب المهارات بكفاءة عالية.

خامساً: تطوير آليات الأجور والحوافز:

يجب على كل منظمة أن تحدد الشروط الواجب مراعاتها لنجاح خطة الأجور وتحفيز الأفراد ودفعهم إلى العمل، ويجب أن تتوفر الخصائص التالية:

- الوضوح والبساطة.
- ضمان حد أدنى من الأجر.
- مشاركة العاملين في وضع الخطة الجديدة.
- التوازن بين قيمة الأجر والأداء.
- تحقيق فائدة لأكبر عدد من الأفراد.
- أن يكون مقدار المكافأة التشجيعية ملموساً.

الأفراد والتفكير الإبداعي:

- إن دور المنظمة هو العمل على توفير مناخ العمل على تنمية قدرات الأفراد ويدعم الإبداع والتفكير الإبداعي والعمل على إيجاد الحلول للمشكلات القائمة ومن خلال توفير القادة القادرين على التأثير في الآخرين بشكل إيجابي.

- الإبداع هو العمل المتميز بشكل يفوق ما هو عادي أو مألوف أو معروف وقد يكون إبداع أداء أو إبداع خلق.

مراحل الإبداع:

(1) المرحلة التحضيرية: جمع المعلومات والبيانات والتي قد يحتاج لها الفرد للعمل على ممارسة وإفراز نمط جديد من التفكير الإبداعي.

(2) مرحلة الحضانة: وهي مرحلة تفاعل المعلومات والبيانات في العقل الباطن للمبدع ونتيجة لهذا التفاعل تظهر الإبداعات.

(3) مرحلة الإيحاء والإلهام: وهنا يظهر الفكر الجديد الذي ينبه الفرد المبدع ما يجعله في حالة اكتشاف بعد إتمام عملية الإيحاء.

(4) مرحلة التحقيق والمصداقية: وهنا يخضع الشيء الإبداعي المتضمن (فكر، سلوك، استجابة) للاختبار للتأكد من صحته وصلاحيته للتطبيق.

التفكير الإبداعي في التنظيمات الإدارية:

إن ولادة الفكرة عملية ذهنية تنجم عن تركيز الانتباه لفترة طويلة في موضوع معين بالاعتماد على الإلمام الواسع العمق به، وهي نشاط عصبي تقوم به خلايا الدماغ

لإبعاد المؤثرات السلبية والبيئية لتعطي المجال لانتشار الانتباه والتركيز حول موضوع أو فكرة بشكل يساعد على اقتناص فكرة جديدة في بداية تكوينها قبل فرارها وتلاشيها من الذهن.

أنواع التفكير الإبداعي:

(1) الإبداع الأخلاقي: يحقق الفائدة لأكبر عدد من الناس المعنيين بتناول الأفكار الإبداعية وتسخيرها لخدمتهم كاستغلال العلماء للطاقة الذرية مثلاً في المجالات السليمة.

(2) الإبداع اللا أخلاقي: والذي تستفيد منه فئة قليلة من الناس بينما يتضرر الآخرون من تطبيقه كصناعة القنابل القاتلة.

مهارات التفكير الإبداعي:

إن عملية التفكير الإبداعي تحتاج إلى قاعدة لابد من وجودها وهي الصفات الشخصية كالذكاء والصبر والفراسة وغيرها من الصفات، كما تحتاج إلى خبرات علمية وإطلاع واسع بخبرات الآخرين وآرائهم، ويمكن تنميتها من خلال الجوانب التالية:

- تتبع المنهجية العلمية في التفكير من حيث (جمع المعلومات والبيانات والأفكار- والقيام بعمليات تحليل لهذه المعلومات- والتوصل إلى فكر جديد).

- زيادة ثقة الأفراد بأنفسهم والبحث عن تنمية هذه الثقة من خلال التعليم والأصدقاء والتجارب والخبرات.

- ضرورة البحث والدراسة لمعرفة معوقات الإبداع والعمل على إيجاد الحلول المناسبة لها.

عوامل التفكير الإبداعي:

عوامل الطلاقة: وهي القدرة على إنتاج عدد كبير من الأفكار وتتكون من:

- الطلاقة اللفظية: وهي القدرة على إنتاج أكبر عدد من الكلمات ذات المعاني والجمل المفيدة.

- طلاقة التداعي: وهي إنتاج أكبر عدد من الأفكار ذات الخصائص المميزة.

- الطلاقة الفكرية: وهي إنتاج أكبر عدد من الأفكار التي تنتمي إلى نوع معين في زمن محدد.

- الطلاقة التعبيرية: وهي القدرة على التعبير والصياغة في عبارات مفيدة.

عوامل المرونة: وهي ما يتميز به الأفراد المبدعين في مجال القدرة على تغيير التفكير.

- الأصالة: وهي القدرة على سرعة إنتاج أكبر عدد ممكن من الاستنتاجات غير المباشرة والأفكار غير الشائعة.

- الحساسية للمشكلات: وهي القدرة على مجابهة موقف معين ينطوي على مشكلة تحتاج إلى حل.

- عملية التقييم: تحتاج عمليات الإبداع في إظهار الأفكار إلى تقييم النشاط الإبداعي وإفرازه وتبني الأفضل.

عناصر الإبداع في التنظيم:

المبدع – بيئة المبدع – بيئة التنظيمات- البيئة العامة.

معوقات التفكير الإبداعي:

- القيادة الاستبدادية.

- الضغوط التي تمارسها الجماعات غير الرسمية.

- ضعف الإمكانات المادية والبشرية وعدم توفر المناخ المناسب.

- عدم توافر الاستقرار الوظيفي.

- عدم وضوح الأهداف التنظيمية.

سمات الإبداع لدى الأفراد

- الثقة الكبيرة.

- الفكر الحر المستقل والتمتع بالاكتفاء الذاتي.

- القدرة على وضع حلول للمشكلات المعقدة.

* التخاصية كمدخل للتطوير التنظيمي:

المفهوم والأهمية:

- هي انتقال النشاط الاقتصادي من القطاع العام إلى القطاع الخاص مع ضمان استقلالية القطاع الخاص في أداء هذا النشاط.

- وهي أيضاً تحويل ملكية مؤسسات القطاع العام إلى شركات تدار على أسس تجارية أو بيع الأسهم المملوكة للحكومة إلى القطاع الخاص.

- وهي أيضاً العملية التي يتم من خلالها تقليل دور الحكومة وزيادة دور القطاع الخاص في إدارة أو امتلاك الممتلكات.

أسباب الاهتمام بالتخاصية:

- أسباب سياسية.

- تحسين الإنتاجية وزيادة الفرص الاستثمارية.

- أسباب مالية.

- أسباب إدارية.

أهداف التخاصية:

1. الأهداف الرئيسية:

- تخليص الدولة من أعباء النشاط الاقتصادي لتتفرغ لدورها الأساسي.

- تحسين كفاءة استخدام الموارد المادية وتوزيعها وفق منهجية علمية.

- تقليص حجم الأعباء المادية على الحكومات.

2. الأهداف الاقتصادية:

- زيادة وتحسين الإنتاجية.

- العمل على إعادة تحديد دور الدولة في النشاطات الإنتاجية.

- المساهمة في زياد حجم المشاريع التنموية.

- زيادة قاعدة وحجم الملكية الخاصة.

3. الأهداف الاجتماعية:

- تحقيق الرفاه العام عن طريق (زيادة حجم النمو الاقتصادي- زيادة حجم المشروعات- زيادة حجم التوظيف- تحسين مستوى الدخل).

- العمل على إعادة توزيع الدخول وتحقيق العدالة الاجتماعية.

- توسيع قاعدة ملكية الأسهم وزيادة راس المال المستثمر.

- دعم الديمقراطية والعمل على تشجيع اللا مركزية.

- تقديم خدمات اجتماعية ذات مستوى عالي.

أساليب تحقيق التخاصية:

(1) دعوة التأجير: تتمثل في تخلي الحكومة عن إدارة بعض المؤسسات إلى القطاع الخاص لإدارتها دون تخليها عن الملكية ويستخدم عند:

- اعتباره كمرحلة أولى للتخصيص الكلي حتى توافر الظروف المناسبة.

- إذا كان حجم السوق المحلي صغيراً.

- ممارسة بعض المؤسسات لأنشطة لا يمكن نقل ملكيتها.

(2) عقود التأجير: وهي عبارة عن إعداد العقود لتشجيع المستثمرين على استغلال الموارد المتوافرة للقطاع العامل مقابل دفع رسوم محددة للحكومة.

(3) عقود الامتياز: التزام القطاع الخاص بتقديم خدمة معينة مقابل مبلغ ثابت تدفعه الحكومة.

(4) تأسيس شركات شبه حكومية: تتم إدارتها بواسطة مجالس إدارية مستقلة مع بقاء ملكيتها للحكومة.

(5) البيع للقطاع الخاص: ويتخذ هذا الأسلوب الأشكال التالية:

- العطاءات: دعوة الجهات للشراء عن طريق تقديم العروض وفق الشروط المناسبة.

- البيع من خلال المزاد.

- البيع من خلال سوق راس المال: يعتمد على وجود أسواق مالية كبيرة ونشيطة وقادرة على استيعاب الحجم الكبير من اسهم المؤسسة.

(6) مقايضة الديون.

(7) إعادة ملكية شركات القطاع العام إلى القطاع الخاص.

(8) إنشاء شركات مساهمة عامة.

(9) أسلوب التصفية: أي بيع الأصول وتتم بعد توافر الشروط التالية:

- تدني وتدهور الوضع المالي.

- ثبات عدم وجود جدوى اقتصادية للاستمرار.

- عدم قدرة المؤسسة على تحقيق التكيف والنجاح.

دور الخصخصة في التنمية الإدارية:

تلعب الخصخصة دوراً فعالاً في القطاع الخاص في تنمية المجالات التالية:

(1) تلعب الخصخصة مكاناً مهماً في التقليل من العبء على ميزان المدفوعات، نتيجة لتناقص اوجه الإنفاق الحكومي على القطاعات التي تم تحويل ملكيتها إلى القطاع الخاص وهذا يساعد على تحقيق هذه الأهداف:

(أ) تحويل الدعم المالي إلى اوجه إنفاق أخرى بعد إثبات ضعف القطاعات العامة في أدائها.

(ب) توفير مبالغ مالية كبيرة على خزينة الدولة، نتيجة لتناقص الإنفاق الحكومي ونتيجة لبيع بعض القطاعات إلى القطاع الخاص.

(ج) تحقيق إيرادات ضريبة إضافية، نتيجة لتغيير أولويات الإنفاق الحكومي، ونتيجة لتغيير بعض السياسات المالية.

(د) تقليل حاجة الحكومات إلى طلب القروض، وتساعد هذه المفاهيم على تطوير إجراءات لمكافحة التضخم المالية.

(2) إن التخاصية كأسلوب ومدخل لزيادة كفاءة وفعالية أداء التنظيمات الإدارية في المشروعات الاقتصادية، وهذا يعني اتخاذ القرار الرشيد أي ترشيد النفقات والحصول على أفضل المنتجات والخدمات المقدمة للمواطنين وإعادة المنافسة الحرة بين الوحدات الإنتاجية المتعددة مما يعني جودة السلعة أو الخدمة المقدمة.

(3) تساعد الخصخصة على تشجيع فرص الاستثمار، حيث تقدم بعض الحكومات وعلى رأسها حكومات الدول النامية تسهيلات وقروضاً مالية لجذب رؤوس الأموال وإنشاء المشاريع، فالاستثمار والتنمية الإدارية وإقامة المشروعات التي تراعي المفاهيم الإدارية الحديثة واستخدام التكنولوجيا المتطورة العاملة على الإسراع في التنمية.

(4) تعمل الخصخصة على اتباع سياسات إدارية حديثة، تراعي عملية إعادة توزيع الموارد البشرية، أو إتباع السياسات المتطورة في استقطاب قوة العمل الفعلية، كما

تشجع على تطوير مهارات وقدرات العاملين من خلال اتباع برامج تدريبية تساهم في تحقيق الكفاءة وزيادة الإنتاجية.

(5) تعمل الخصخصة على إعادة توزيع الدخل القومي من خلال ما يصاحب الخصخصة من سياسات مالية واستثمارية تسجع على تقديم القروض، كتجربة اليابان حيث تبنت الحكومة إنشاء مشروعات صناعية وبعد تشغيلها يتم بيعها إلى جهات خاصة، ثم تقوم الحكومة بإعادة تشغيل الأموال أثمان هذه الشركات من جديد.

(6) تساهم التخاصية كمفهوم اقتصادي في تطوير وتحديث الأسواق المالية، الأمر الذي يساعد على إسراع العملية التنموية.

(7) إن التخاصية تعطي اعتباراً وأهمية لعامل الوقت وإدارته، ويمكن ملاحظة قدرات القطاع الخاص في استغلال الوقت وإدارته بكفاءة وفعالية أكثر من القطاع العام.

(8) تساعد الخصخصة على تنمية البنية التحتية، من خلال تشجيع القطاع الخاص على الاستثمار في مشاريع البنية التحتية اللازم لدعم النمو الاقتصادي.

(9) تساعد التخاصية على تعزيز دور الرقابة الإدارية، وبذلك تساعد على تفعيل السلوك والاتجاهات والعمل على تثبيت الأسعار للسلع والمواد الاستهلاكية

وتقديمها بمواصفات عالية ومحاربة الفساد وتعميق الشفافية وتقليل نسبة العجز في الموازنة بشكل مباشر أو غير مباشر.

(10) تساعد الخصخصة الحكومات على تركيز جهودها على الإدارة العامة والعمل عن طريق أجهزتها على مكافحة الفساد والفقر والبطالة والجهل.

(11) احتل موضوع الخصخصة أهمية كبيرة على مستوى الجهود العملية وعلى مستوى اهتمام الحكومات بصفة خاصة في تعزيز المحاور الرئيسية للسياسة الاقتصادية لمعظم دول العالم المتقدمة والنامية، وهذا يساعد على تعزيز التنمية.

(12) تساعد الخصخصة على تحقيق التنمية الاقتصادية والاجتماعية وإشباع حاجات ورغبات المواطنين من خلال إيجاد فرص عمل في المشروعات التنموية وتحسين الدخول عن طريق السياسات التشغيلية وتوزيع الموارد البشرية وفقاً لمعايير علمية وليس بناءً على أسس اجتماعية.

(13) تساهم الخصخصة في بلورة التنمية الإدارية من خلال رفع الكفاية الإدارية والتشغيلية للمؤسسات التي تعمل على تقديم خدمات وسلع للمواطنين الأمر الذي يؤدي إلى تحقيق الأرباح وتقليل التكاليف ومن ثم العمل على تخفيض الأسعار، وبالتالي فإن هذه المساهمة تعمل على تحسين المستويات المعيشية للأفراد، وتوفير سلع تعليمية وصحية وغذائية وثقافية عالية بشكل يؤدي إلى توفير قوة عمل فعلية.

(14) تساعد الخصخصة على تخفيض الأعباء المالية على ميزانية الدولة عن طريق تقليل أوجه الإنفاق الحكومي إضافة إلى تقليل الدعم المالي لبعض أجهزة الدولة، والعمل على تقليل الدعم المالي لبعض أجهزة الحكومة، والتقليل من طلب القروض أو المساعدات من المؤسسات المالية الدولية تساعد على زيادة الإيرادات للدولة من خلال ما توفره من بيئة استثمارية ناجحة.

هوامش ومراجع الفصل السادس

1. العميان، محمود سلمان، (2004). السلوك التنظيمي في منظمات الأعمال، (ط2). دار وائل للنشر والتوزيع، عمان - الأردن.

2. WWW.Ksa_Uvi.com.

3. اللوزي، موسى، (1999). التطوير التنظيمي: أساسيات ومفاهيم حديثة، (ط1). دار وائل للنشر والتوزيع، عمان - الأردن.

4. **Datft, R., (1992). Organization Theoryand Design, West publishing Company. NEW York.**

5. عامر، سعيدين، (1992). استراتيجيات التغيير وتطوير المنظمات الأعمال، مركز وايد سيرفيس للاستشارات والتطوير الإداري، القاهرة.

6. **Don warrick & rom Donovan, (1996). Surreying organization Development skills, Trainning Edevelopment Jounal.**

7. العمري، عائض، (1996). الهندرة وعصر جديد في إدارة أعمال، لمجلة العالمية السعودية، (ع215). السعودية.

8. **Rymond, L. Manganelli, Mark M. Kalein, (1994) The Reengineering Hand book, Astep by srep guide to business trans for rmation, Amacon, USA.**

9. عباس، صلاح، (2003). الخصخصة، المصطلح - التطبيق، مؤسسة شباب الجامعة الإسكندرية، القاهرة.

10. **WWW. Althewed. Com.**

11. صبح، محمود، (1999)، الخصخصة، (ط2). البيان للطباع والنشر. القاهرة.

12. حمود، خضير كاظم، (2000). إدارة الجودة الشاملة، دار المسيرة للنشر والتوزيع، عمان - الأردن.

13. حمود، خضير كاظم، أبو تايه، سلطان نايف، (2001). متطلبات التأهيل لشهادة الأيزو **ISO 9000**، مكتبة اليقظة للنشر والتوزيع، عمان- الأردن.

الفصل السابع

برامج التطوير والتدريب الإداري

تمهيد:

تحتاج جميع المنظمات أي كان نوعها وحجمها إلى التعلم المستمر لتستطيع تحقيق ميزة تنافسية وهنا ولتحقيق ذلك تلجأ المنظمة إلى البرامج التدريبية حيث يوضح الشكل القادم عملية تطوير برامج التدريب الإداري وزيادة الاعتماد على البرامج التدريبية التي تهدف بشكل عام إلى تدريب الموظفين وإكسابهم بالخبرات اللازمة لهم إضافة إلى تحسين أدائهم الوظيفي كهدف أساسي لتحقيق أهداف وغايات المنظمة.

وتركز معظم البرامج التدريبية إجمالاً على بعض الأمور مثل التشديد على التعلم من جهة وزيادة كفاءة وسرعة توصيل المعرفة من جهة أخرى.

ويقصد بالتعلم هنا اكتساب المعرفة من قبل الموظفين بهدف تطبيقها في وظائفهم لاحقاً وخصوصاً في عمليات صنع القرار وإنجاز المهام والأنشطة المنوطة بهم.

ويقصد بالمعرفة هنا المعلومات الموجودة لدى الموظفين حول مهامهم ونشاطاتهم وكيفية إنجاز هذه المهام وتتضمن أيضاً الأنظمة والإجراءات والقوانين والعمليات التنظيمية المختلفة.

ويوجد هناك نوعان للمعرفة:

(1) **Explicit**: وهي تلك المعرفة التي يمكن ترميزهـا وتصـنيفها وتوصـيلها للمـوظفين مثـل الوصف الوظيفي.

(2) **Tacit**: وهي تلك المعرفة الشخصية للموظف مثـل الخـبرات الشخصـية التـي يصـعب شرحها وتوصيلها للآخـرين ويسـتطيع المـوظفين الآخـرين اكتسـابها مـن خـلال التجربـة والاحتكاك مع الموظف الآخر.

شكل (تطور الدور الإداري)

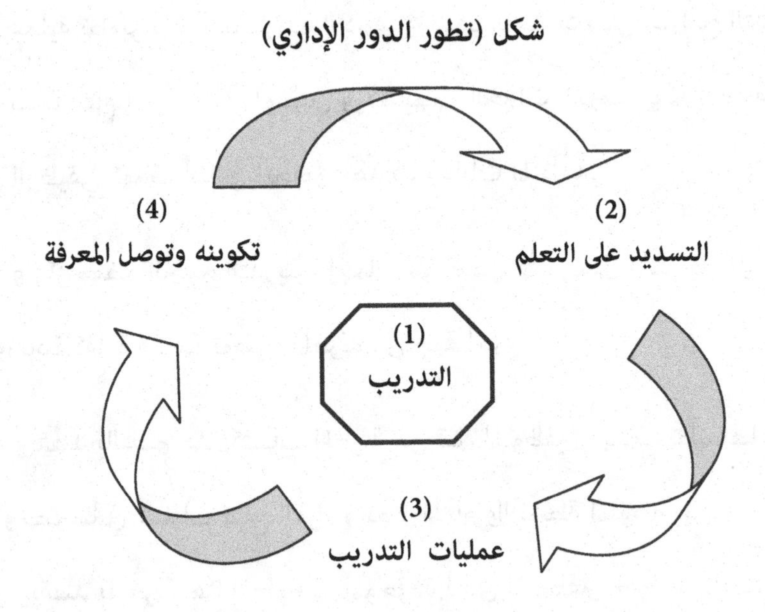

وينظر إلى عمليات التدريب تقليدياً بأنها عبـارة عـن بـرامج أو نشـاطات يجـب عـلى الموظف أن يحضرها وذلك ليستطيع الموظف بعد ذلك تطبيق ما تعمله في وظيفتـه وتقتصر- عمليات ذلك فقط على الدعم المقدم من المدراء المباشرين للموظف فقط ولا

يتضمن هذا النوع من التدريبات أيضاً أي تحديد للعلاقة بين محتوى التدريب والأداء الفردي للموظف أو تقدمه في تحقيق الأهداف الفردية والتنظيمية المنوطة بهم.

وينظر إلى البرامج التدريبية إجمالاً بأنها برامج هامة ويجب توافرها لدى الموظفين في جميع الأوقات وذلك لأنها تزودهم بالدعم والإرشاد اللازم إضافة إلى أنها تزودهم بالخبرات و الممارسات اللازمة لها.

ويجب على الشركة أيضاً عدم الاقتصار والاعتماد فقط على البرامج التدريبية لتحقيق الميزة التنافسية وبل على العكس يجب على الشركة أن تزود الموظفين بفرصة التفاعل والاتصال المباشر والمستمر ليستطيعوا اكتساب النوع الفاعل للمعرفة(**Tacit**) والتي لا يستطيع الموظف الحصول عليها من البرامج التدريبية وهذا بدوره يزيد من فرصة اكتساب المنظمة لميزة تنافسية.

* وخلال مرحلة تركيز المنظمة على عمليات التعلم فإنها تأخذ بعين الاعتبار 3 أمور رئيسية و هي:

(1) يجب أن تساعد عمليات التعلم الموظفين على تحسين أدائهم وتحقيق الأهداف المنوطة بالمنظمة ويحتاج الموظفين في هذه العملية أيضاً إلى الدعم المستمر.

(2) يجب أن تكون عمليات وأنشطة التعلم قابلة للتكيف وليس لها شكل واحد فقط وذلك لأن حاجات الموظف غير ثابتة وقد تتغير مع الوقت، وبالتالي يجب أن يكون البرنامج التدريبي و التعليمي قابلاً لتغيير وتعديل والإضافة وقد تتضمن برامج التدريب نوع التدريب الإلكتروني وخصوصاً لمساعدة الموظف على حل

بعض المشاكل اضطرارية والمفاجئة و التي تزوده بدورها بفرصة الاتصال المباشر مع أطراف خارجية.

(3) يجب على المنظمة أن تدعم وتشجع الموظفين على الاتصال الغير رسمي باعتباره الوسيلة الوحيدة التي تساعدهم على اكتساب النوع الثاني للمعرفة (**Tacit**) والتي لا يستطيع الحصول عليها من البرامج التدريبية، إضافة إلى أن على المدراء تشجيع الموظفين على التعلم وتطبيق المعرفة والخبرات الجديدة في وظائفهم المنوطة بهم، وهذا بدوره يتطلب من المدراء فهم اهتمامات وحاجات الموظفين وخصوصاً التي تساعدهم على التطور والتقدم الوظيفي.

* وتحتاج المنظمة في بعض الأوقات وخصوصاً لتزويد الموظفين بفرصة تشارك وتبادل المعرفة والمعلومات اللجوء إلى الوسائل التكنولوجية الحديثة مثل (البريد الإلكتروني، الانترنت، المواقع الإلكترونية) والتي تساعد وتشجع بدورها الموظفين على التعاون و التنسيق والعمل المشترك.

* البرامج التدريبية الاستراتيجية وعمليات التطوير:

بشكل عام تساعد البرامج التدريبية على دعم استراتيجية المنظمة وخصوصاً البرامج التدريبية الاستراتيجية وهذا ما يوضحه الشكل القادم يوضح العلاقة (بين التدريبات الاستراتيجية) و (وعمليات التطوير وبعض الأمثلة على هذه البرامج التدريبية):

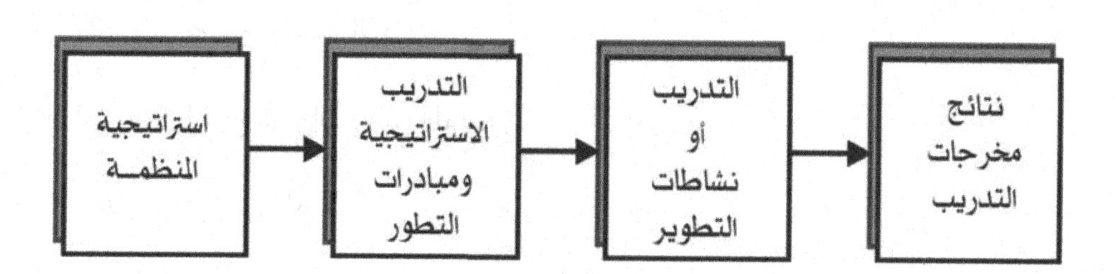

وفيما يلي توضيح لما سبق:

(1) التعلم.

(2) تحسين الأداء.

(3) تقليل شكاوي الزبائن.

(4) تقليل الدوران في الأيدي العاملة.

ثانياً:-التدريب ونشاطات التطوير:

(1) استخدام برامج التدريب الإلكترونية.

(2) تكوين بعض خطط التطوير(تخطيط عمليات التطوير).

(3) اللجوء إلى وسائل التكنولوجية لتوصيل المعرفة.

(4) زيادة برامج التدريب المتعلقة بتحسين خدمة الزبائن.

ثالثاً:- التدريبات الاستراتيجية ومبادرات التطور:

(1) تطوير محتوى التدريب وعمليات التطور.

(2) تحسين خدمة الزبائن.

(3) إسراع عمليات تعلم الموظفين.

(4) توصيل المعرفة.

رابعاً:- استراتيجية المنظمة:

(1) المهمة.

(2) القيم.

(3) الأهداف.

الأهداف يوضح الشكل السابق أن العملية تبدأ من خلال تحديد استراتيجية المنظمة ومن ثم تبدأ عملية التدريب الاستراتيجي وعمليات التطوير والتي تدعم بدورها استراتيجية المنظمة المختارة سابقاً. ومن ثم يقوم المشرفين والمدراء بترجمة التدريبات الإستراتيجية و ممارسات وعمليات التطوير إلى نشاطات تدريبية وتطويرية.

وتتمثل الخطوة الأخيرة في هذه العملية في تحديد أوجه قياس الأداء وتحديد مدى إسهام البرامج التدريبية في تحقيق الأهداف المناطة الإستراتيجية التنظيمية المحددة سابقاً.

(1) تحديد نوع إستراتيجية عمل المنظمة:

يوجد هناك ثلاث عوامل تؤثر على استراتيجية العمل في أي منظمة والتي يمكن تلخيصها كما يلي:

1) مهمة الشركة، رؤيتها، قيمها، أهدافها، وغاياتها والتي يتم تحديدها من قبل الإدارة العليا ويقصد بالمهمة سبب وجود الشركة وطبيعة نشاطاتها في حيث يقصد بالرؤيا الشكل المستقبلي الذي ترغب المنظمة بتحقيقه.

2) تحليل (**SWOT**): والذي يتطلب من المنظمة تحديد (نقاط القوة، نقاط الضعف، الفرص، والتهديدات) إضافة إلى تحليل نوع بيئة عمل المنظمة والأطراف المنافسة للشركة، وتتضمن أيضاً زيادة استفادة المنظمة من الفرص التكنولوجية التي تحبط بها لتستطيع المنافسة والبقاء في السوق.

3) يجب على المنظمة المحافظة على درجة تنافسية عالية في السوق وتتطلب هذه العملية أن تقوم المنظمة الأخذ بعين الاعتبار ويحذر القرارات الإدارية وطرق المنافسة في السوق والتي يوضحها الجدول الآتي:

جدول

القرارات التي يجب على المنظمة أخذها بعين الاعتبار من خلال التنافس وعملية تحقيق و إنجاز الأهداف

1. مكان المنافسة: في أي الأسواق (الصناعات، المنتجات....الخ) التي سوف تقوم المنظمة المنافسة فيها.
2. كيفية المنافسة؟ ما هي الأوجه والخصائص التي سوف تنافس المنظمة من خلالها؟ التكاليف؟ الجودة؟ سرعة التوصيل؟ درجة الإبداع؟
3. ماهية الموارد اللازمة للمنافسة؟ لماذا ستنافس الشركة؟ ما هي الموارد التي ستسمح للشرك بهزم منافسيها؟ كيف ستحصل الشركة على هذه الموارد؟ ستقوم الشركة بتوظيف وتطوير هذه الموارد.

إن جميع ما سبق يتطلب من المنظمة زيادة استثماراتها وبشكل خاص في تدريب الموارد البشرية وتزويدها بالمهارات والكفاءات اللازمة حيث أنه وبدون هذه المهارات سوف تقل درجة المنظمة التنافسية في السوق.

وتساعد مثل هذه البرامج التدريبية الموظف على:

1) زيادة مستوى أداءه وإنجازاته.

2) على التقدم والتطور الوظيفي.

3) وتحسن من خدمة الزبائن.

4) وأخيراً تحقيق أهدافها الإستراتيجية.

5) وزيادة مستوى أرباحها وعوائدها.

(2) تحديد البرامج التدريبية الاستراتيجية وفعاليات التطور اللازم لتطبيق ودعم الاستراتيجية التنظيمية.

يقصد بالبرامج التدريبية الاستراتيجية وفعاليات التطوير بأنها نشاطات إقليمية و تدريبية موجهة لجى إليها المنظمة كهدف أساسي لتحقيق وتنفيذ استراتيجيتها التنظيمية وتختلف هذه الأنشطة من شركة لأخرى، وذلك تبعاً لنوع الأنشطة والفعاليات التي نتعامل معها الشركة من جهة والأهداف والغايات والقدرات المتعلقة بالشركة.

وتزود مثل هذه البرامج والأنشطة الشركة بخارطة وطريق واضح يساعدها على تحقيق أهدافها غاياتها بفعالية وكفاءة عالية.

ويوضح الجدول بعض الأمثلة على هذه الأنشطة وموقع وكيفية تطبيقها.

* أنشطة البرامج التدريبية الاستراتيجية والتطوير الاستراتيجي الإداري:

أنشطة التدريب الاستراتيجي والتطوير الإداري	التطبيقات
1) تنويع محتوى التعليم.	- استخدام تكنولوجيا جديدة مثل الانترنت في التدريبات. - تسهيل عمليات التعلم الغير رسمية. - طرح العديد من الفرص التعليمية الفردية.
2) توسيع نطاق التدريب.	- تدريب الزبائن والمزودين والموظفين. - طرح فرص تعليمية أكثر بالنسبة للموظفين الغير إداريين.
3) زيادة إسراع نطاق تدريب وتعليم الموظفين.	- التحديد السريع لاحتياجات الموظفين. - تقليل وقت تطوير وطرح البرامج التدريبية. - تسهيل وصول الموظفين المتدربين إلى البرامج والموارد التدريبية.
4) تحسين خدمة الزبائن.	- التأكد من توفر المعرفة لدى الموظف حول المنتج أو الخدمة. - التأكد من توفر المهارات اللازمة للموظفين للتفاعل والتعامل مع الزبائن. - التأكد من فهم الموظفين لأدوارهم و صلاحياتهم في صنع القرارات.
5) طرح بعض فرص التطور والتقدم بالنسبة للموظفين.	- التأكد من توفر فرصة التقدم و التطور بالنسبة للموظفين. - التأكد من أن الموظف يفهم هذه

	- الفرص ويدركها. - التأكد من أن هذه البرامج تلبي حاجات الموظفين وفرصهم للتقدم.
6) تبادل المعرفة والمعلومات.	- تخزين المعلومات بشكل دوري ومنطقي. - توفير المعلومات دائماً وتزويد الموظف بمدخل سهل للوصول إلى هذه المعلومات.
7) زيادة درجة التوافق بين البرامج التدريبية و استراتيجية المنظمة.	- تحديد المعرفة والمهارات و القدرات والكفاءات اللازمة. - التأكد من أن البرامج والأنشطة التدريبية تدعم وتلبي احتياجات الشركة الاستراتيجية.
8) التأكد من أن بيئة العمل تدعم عمليات التعلم وإسراع توصيل البرامج التدريبية للموظفين.	- إزالة العوائق والحواجز التي تعيق من عمليات التعلم. - تشجيع فرق العمل الجماعية وزيادة درجة التعاون والتنسيق والإبداعية وتبادل المعرفة. - التأكد ن فهم الموظفين لأهمية التعليم والتدريب والتطوير.

طرح نشاطات التطوير والتدريب الإداري وخصوصاً التي تساعد على تحقيق وتنفيذ الإستراتيجية التنظيمية المحددة:

بعد انتهاء المنظمة من تحديد واعتبار برامج التدريب الاستراتيجية التي تساعد على تنفيذ الاسراتيجية التنظيمية فإنها تقوم لتجديد نشاطات التطوير والتدريب التي تساعد في إنجاح هذه العملية وتتضمن هذه العملية وعلى سبيل المثال استخدام التكنولوجيا الجديدة في البرامج التدريبية وتشجيع الموظفين العمل الجماعي.

* الخصائص التنظيمية المؤثرة على البرامج التدريبية:

يوجد هناك من العوامل التي تؤثر على البرامج التدريبية ومن الأمثلة على ذلك:

(1) الموظفين المدراء.

(2) والدعم من قبل الإدارة العليا لهذه التدريبات.

(3) درجة التنسيق والتعاون التنظيمي.

(4) نوع العمليات والأنشطة التنظيمية.

(5) ظروف العمل.

(6) ممارسات وأنشطة الموارد البشرية.

(7) استراتيجيات التوظيف.

(8) درجة التوحيد والنطاق في عمليات الشركة.

(9) درجة المشاركة الإدارية من قبل الموظفين.

* **أدوار الموظفين والمدراء:**

تلعب أدوار الموظفين والمدراء دوراً هاماً في التأثير على درجة التركيز على البرامج لتدريبية وتطويرها. حيث أن أدوار الموظفين تقليدياً كانت تقتصر على إنجازهم ووظائفهم بناءً على توجيهات المدراء ولم يكن للموظفين أي دور في تحسين جودة الخدمة والمنتج بعكس الوقت الحالي وخصوصاً الذي يعتمد على الاستخدام المكثف للوسائل التكنولوجيا وتبني طرق جديدة للإبداع فإن الموظفين بدأوا بلعب أدواراً هامه وزادت صلاحياتهم ومشاركتهم في العديد من العمليات الإدارية وهذا يدور ويتطلب تدريب الموظفين جيداً وإكسابهم بالمهارات والكفاءات اللازمة لهم لأداء وظائفهم ومسؤولياتهم بنجاح.

هوامش ومراجع الفصل السابع

(1) ياغي، محمد عبد الفتاح، (2003). التدريب الإداري بين النظرية والتطبيق، (ط2). مركز أحمد ياسين الفني، عمان - الأردن.

(2) **Noe, Raymond A, (2005). Empbyee Training and Development. (Mc Graw - Hill).**

(3) **Green, George, (2002). Training and Developent. (Oxford UK Capstone).**

(4) **WWW. Nuffic.nl.**

(5) الحاج، طارق، (1990). إدارة الأفراد، (ط1). دار الندوة للنشر والتوزيع، عمان- الأردن.

الفصل الثامن
تطوير وتدريب الموظفين

تمهيد:

يعتبر تطوير الإدارة من الأجزاء الرئيسية لجهود تطـوير المـوظفين، وكـان تقليـداً في أن يكون التركيز على الموظفين في مستوى الإدارة يتلقون التطور والتقدم. بينما الموظفين العاديين كانوا يتلقون تدريب محدد لتنمية مهارة محددة لـديهم للقيـام بوظيفـة معينـة. ولكـن بـدأ الاستخدام لفرق العمل ومشاركة الموظفين المتزايدة في جميع جوانب النشاط المؤسسي، أصبح التطور والتنمية ضرورياً ومهماً لجميع الموظفين.

يستشير التطور إلى التعليم الرسمي والخبرات الوظيفية والعلاقـات وتقيـيم الشخصـية والقدرة التي من شأنها مساعدة الموظفين أن يؤدوا أعمالهم الحالية والمسـتقبلية في المؤسسـة بشكل فعال.

* الفرق بين التدريب والتطور:

هنالك فروقاً كبيرة بين التدريب والتطور مع أنهما متشابهان سطحياً: الجدول التالي يبين بعض هذه الاختلافات:

	التدريب	التطـور
- التركيز:	في الوقت الحاضر	في المستقبل
- استخدام خبرات العمل:	منخفضة	عالية
- الهدف:	تحضير للوظيفة الحالية	تحضير من أجل التغيير
- المشاركة:	مطلوبة	تطوعية

التطور:

(1) يساعد الموظفين على تهيئة أنفسهم لمراكز مستقبلية في الشركة.

(2) ويساعدهم في التنقل السهل بين الوظائف الحديثة.

(3) تصميم العمل والزبائن وأسواق المنتجات.

التدريب:

- يساعد الموظفين في زيادة فعالية أداؤهم الحالي.

* لماذا تكون مشارك الموظفين مهمة في التطوير:

(1) التطور عملية أساسية وضرورية للشركة بقصد:

- تحسين الجودة.

- الاحتفاظ بالموظفين الأساسين.

-مقابلة تحديات المنافسة العالمية: جعل الموظفين يهتمون بثقافات الشعوب المختلفة التي تؤثر على تجاربهم.

-تغير اجتماعي.

-إدخال تكنولوجيا متقدمة.

-تصميم العمل.

(2) يجب على الموظفين أن يكون لديهم مهارات شخصية وأن يقوموا بأدوار كانت مخصصة للمدراء.

(3) تشريعات قوى العمالة(سوق العمال) والمسؤولية الاجتماعية للشركة تفرض على الشركة أن توصل برامج التطور إلى الأقليات والنساء وتهيئتهم لمراكز إدارية.

(4) ادوار المدراء: معاملة الموظفين باحترام (هذا سبب رئيسي لحفظ العمال بالشركة):

-تحديد وتعريف الموظفين ذوي الإمكانيات الكبيرة المحتملة والتأكد من استخدام مواهب هؤلاء الموظفين.

-على المدراء إتقان فن الإصغاء.

-نشاطات التطور تساعد الشركات لتخفيض نسبة الموظفين للشركة وبطريقتين:

(1) جعل الموظفين يلاحظوا بأن الشركة تقوم باستثمارات في تطوير مهارات موظفيها.

(2) تطوير المدراء القادرون على خلق بيئة عمل إيجابية مما تزيد رغبة الموظف في البقاء بعمله والمساهمة في تحقيق أهداف الشركة.

* طرق تطوير الموظفين:

هنالك أربعة طرق لتطوير الموظفين وهي:

أولاً:- التعليم الرسمي.

ثانياً:- التقييم.

ثالثاً:- الخبرات الوظيفية.

رابعاً:- علاقات ما بشخصيته.

كثير من الشركات تستخدم هذه الطريقة مجتمعة في تطوير موظفيها مثل شرك (**Cardinal Health**). بغض النظر عن (الطريقة المستخدمة) للتأكد من فعالية برامج المستخدمة في تصميم التدريب وهو:

(1) الحاجة للتقييم.

(2) خلق بيئة عمل إيجابية.

(3) التأكد من جاهزية الموظفين للتطور.

(4) تحديد أهداف التطور.

(5) اختيار مركب من النشاطات التطورية التي تساعد على تحقيق الأهداف.

(6) التأكد على أن بيئة العمل جهود التطوير، واستخدام المهارات والخبرات المكتسبة.

(7) تقويم البرنامج.

لتحديد حاجة الفرد والقسم للتطور يكون ذلك من خلال إجراء تحليل على نقاط القوة والضعف التي يجب تقويمها حتى يتم اختيار نشاطات تطويرية مناسبة.

كفاءة الموظفين تشمل المعرفة، المهارة، القدرات والصفات الشخصية.

يجب التذكير على أن معظم برامج التطور موجهة نحو المدراء، إلا أن جميع الموظفين بإمكانهم المشاركة في نشاط تطويري أو أكثر.

* التعليم الرسمي **(Formal Education):**

تشمل برامج التعليم الرسمي برامج تعليمية أما داخل الشركة أو خارجها، وهي مصمم خصيصاً لموظفي الشركة، وهنالك دورات قصيرة بأشراف مستشارين أو جامعات أو برامج ماجستير تجارة (**MBA**) للمدراء وبرامج جامعية.

وقد تشمل هذه البرامج على محاضرات من خبراء أعمال تجارية أو أساتذة جامعات. وكثير من النشاطات التي تمثل أوجه مختلفة للنشاط التجاري مثل مقابلة الزبائن وتعلم المغامرة وغيرها.

فمثلاً تقوم جامعة هارفارد بتقديم برامج تعليمية لرؤساء الشركات والإدارة العليا والمدراء العاديين (مثل برنامج الإدارة المتقدمة).

وقد تشمل البرامج التعليمية على محاضرات يوم أن يومين أو برامج تستغرق الأسبوع كله، وهنالك جامعات وشركات تقدم برامج تعليمية أو فصول متخصصة مثل دراسة بالتصنيع والمبيعات والتسويق وتدريب الإدارة المتقدمة.

مساقات وفصول تدريس للموظفين والمدراء كجزء من عملية التطوير وهي:

(1) منتديات ومؤتمرات قيادة: يبحث في المنافسة العامة كذلك منافسة المؤسسة بأكملها.

(2) دورة تطوير المدراء الجدد: إكساب المدراء المهارات في توظيف وتقييم الموظفين وبناء فرق عمل.

(3) برنامج عملي للمدراء الكبار: تسويق وتحويل مثلاً.

(4) برامج تنفيذية: تشمل تعلم المغامرة والمشاريع.

(5) ورشات عمل الرؤساء: يتجمع (**CEOs**) كل مشاكل الشركة.

(6) وهنالك برامج منفصلة تقدم للمشرفين، والإدارة المتوسطة والمدراء الكبار أيضاً.

(7) وهنالك أيضاً برامج خاصة لمهن معينة مثل المهندسين.

(8) فصول تطوير أو تنمية الشخصية (إدارة الضغط والتخطيط للتقاعد).

من أهم المواضيع التعليمية التنفيذية هي: القيادة، عملية وإنشاء التجارة، والتجارة الإلكترونية كذلك برامج بخصوص التجارة العالمية.

والملاحظ أن كثير من الجامعات مثل هارفارد تقدم برامج تعليمية عن بعد حتى تصل إلى المدراء وفيها من الجامعات (**Duke**) حيث تقدم فصول إلى شركات في ألمانيا والولايات المتحدة وغيرها.

وهناك نزعة أخرى في مجال التعليم الرسمي للمدراء وهي أن تعمل مع بعضها البعض لتأتي ببرنامج قصير أو فصول قصيرة مخصصة لإيفاء حاجة من سيستخدمها.

والنزعة الأخيرة في تعليم المدراء الكبار وهي عبارة عن فصول رسمية تكميلية من قبل مستشارين أو جامعات مصحوبة بأنواع أخرى من التدريب والنشاطات التطويرية مثل شركة (**Avon**) واستخدامها لبرنامج التعليم الرسمي يمكن في تزويد الموظفين بمهارة محددة بالوظيفة. علماً بأن المشتركين في هذه البرامج صرحوا بأنهم استفادوا منها وحصلوا على معرفة لازمة (مثل كيف ستؤثر العولمة على هيكلة الشركة).

تقييم:

يتعلق التقييم بجمع المعلومات وتقديم التغذية الرجعية للموظفين حول سلوكهم وأسلوب تواصلهم ومهاراتهم. وقد يتم سؤال الموظف وزميله والمدير والزبون لتقديم المعلومات. تصميم عمليات التقييم لتحديد الموظفين ذوي الإمكانات الإدارية كذلك نقاط القوة والضعف لدى المدراء الحاليين. كذلك يصمم التقييم في تحديد المدراء المؤهلين لمناصب أعلى. كذلك يمكن استخدامها مع فرق العمل لتحديد نقاط القوة والضعف لدى كل عضو فيها، بالإضافة إلى عملية القرارات وأساليب التواصل والتي تؤثر على إنتاجية الفريق.

تختلف الشركات في نماذج ومصادر المعلومات التي تستخدمها في التقييم التطوير بحيث تقوم الكثير من الشركات بتقديم لموظفيها معلومات تقييم الأداء. وبعض الشركات تستخدم لهذا الغرض اختبارات نفسية (سيكولوجية) لقياس مهارات الموظفين، وأنواع الشخصية وأساليب التواصل، وهنالك أدوات تقييم مثل:

- مؤشر (**Myers-Briggs**): وهو أكثر النماذج النفسية (اختبارات) انتشاراً لتطوير الموظفين أكثر من 2 مليون شخص في الولايات المتحدة يأخذون هذا الاختبار سنوياً. وهو يحتوي على أكثر من 100 سؤال تدور حول كيف يشعر أو يفضل الشخص في أن يتصرف بحالات مختلفة (هل أنت اجتماعي جيد أو هادئ ومحافظ).

- (MBTI) يعتمد على أعمال عالم النفس (Carl Jung)، والذي يعتقد بأن الاختلافات في سلوك الأفراد ناجمة عن ترجيحاتهم في عملية القرار، تواصل ما بين شخصين وتجميع المعلومات. يقوم (MBTI) بتعريف ترجيحات الأفراد للطاقات، وجمع المعلومات وصناعة القرار وطرق المعيشة. أبعاد الطاقة تحدد اكتساب الأفراد حيوية وقوة ما بشخصية مثل:

- **Extrovert (E)**: يكسبون الطاقة من علاقة ما بشخصية.
- **Introverts (I)**: يكسبونها من خلال التركيز على الأفكار الشخصية والمشاعر.

أما ترجيح جميع المعلومات فهو يتعلق بالأعمال التي يقوم بها الفرد عند اتخاذ القرار، فالأفراد ذوي الشعور **(S) (Sensing)** يميلون لجميع الحقائق والتفاصيل بينما **(I) (Intuitive)** يركزون أقل على الحقائق وأكثر على الإمكانيات والعلاقات بين الأفكار والاختلافات في أساليب اتخاذ القرارات مبنية على مقدار الاعتبار الذي يعطيه الفرد لشعور الآخرين. فالأفراد ذوي التفكير **(T) (Thinking)** يميلون إلى الهدف عند اتخاذ القرار بينما الأفراد ذوي الشعور **(F) (Feeling)** يميلون إلى تقويم القرارات المحتملة على الآخرين، ويكونون أكثر موضوعية في صناعة القرارات.

أما ترجيح الأسلوب المعيشي- (الحياة) فهو يعكس ميول الفردية في أن يكون أكثر مرونة وتأقلم، فالأفراد ذوي ترجيح الحكم **(J) (JULING)** يركزون على الأهداف ويقيمون تواريخ لتنفيذ العمل ويرجحون الشمولية. بينما الأفراد أصحاب

الترجيح (p) (**perceiving**) التفهم أو الاستيعاب فهم يميلون إلى التمتع بالمفاجآت، يحبون التغيير في القرارات ويكرهون تواريخ أو مواعيد نهائية.

هنالك (16) نوعاً من الشخصيات نتج عن مركز الأربع ترجيحات (**MBTI**) كل منها له نقاط ضعف وقوة فمثلاً الأشخاص الذين يكونون(**ISTJ**) (**INTYOVERTED JUDGING, SENSEING, THINKING**) فهم أشخاص يغلب عليهم الهدوء، عملية (عمليون) منظمين. بإمكانهم تنظيم المهمات بدقة ويتابعون الخطط والأهداف. هنالك عدة نقاط ضعف (**ISTJ**) منها مشكلة التعامل مع فرص غير متوقعة، متعلقين بعملهم ولا تقارن مع زملائهم، سريعين في اتخاذ القرار.

يستخدم (**MBTI**) لتفهم: التوصل، الدافعية، عمل الفريق، أساليب العمل والقيادة فمثلاً يصلح (**MBTI**) للباعة والمدراء الذين يرغبون في أن يكونوا أكثر فعالية وذلك معرفة شخصيتهم كذلك يساعد (**MBTI**) الشركات بتطوير وإنشاء الفرق وذلك من خلال مطابقة أعضاء الفريق مع الوظيفة.

الناس الذين يأخذون مثل هذا الاختبار (**MBTI**) يكسبون خبرة إيجابية ويقولون بأن هذا الاختبار قد ساعدهم في تغيير سلوكهم. وتبدو علاقات (**MBTI**) على أنها ذات صلة الشخص تدل الدراسات على أن المدراء يتسمون بأنواع شخصيات مختلفة.

يعتبر (**MBTI**) على أنه أداة ذات قيمة لتفهم أساليب التواصل والطرق التي يرجحها الناس بالتعامل مع الآخرين. ولكن يجب أن لا يستخدم لتقييم الأداء أو تقويم احتمالية ترفيع الموظفين. كذلك يجب أن لا ينظر إلى أنواع (**MBTI**) على أنها أنماط شخصية.

مركز التقييم:

هي عملية بحيث يقوم مجموعة من الأشخاص (مقيمون **ASSESSORS**) بتقويم أداء الموظفين على عدد من التمارين. عادة ما يكون خارج الشركة في مركز مؤتمرات وما شابهه ويشارك به من 6-12 موظفي كل مرة.

تستخدم (مراكز التقييم) أساساً لتجديد فيما إذا كان الموظفين يملكون الصفات الشخصية، والمهارات الإدارية اللازمة لوظائف إدارية كذلك فهي تستخدم باضطراد لتعريف فيما إذا كان الموظفين المهارات الضرورية للعمل كمجموعة أو في فريق.

نوع التمارين المستخدمة في المراكز التقييم تشمل مناقشات المجموعة بدون قائد، ومقابلة حالات وتمثل ادوار.

ففي مشكلة معطاة إليهم ضمن فترة زمنية محددة، وقد تتعلق المشكلة بشراء أو بيع لوازم ترشيح موظف لتسلم أو تركيب سلعة. والحالات المسماة (**In-basket**) فهي القيام بوظائف مشابهه لوظائف المدير. يشمل الامتحان وثائق مختلفة تظهر في السلة الموضوعية على مكتب المدير، يطلب من المشترك بقراءة الوثائق وأن يقرر في

كيفية الإجابة عليها. وقد تكون الإجابات متعلقة بإسناد المهام للآخرين، جدولية اجتماعات كتابة إجابات أو إهمال المذكرة.

التمثيل (role play):

يقوم المشتركين بتمثيل دور مدير أو موظف آخر وهذه التمارين مصممة لقياس المهارات الإدارية والشخصية وتشتمل على ما يلي: القيادة، تواصل (اتصال) شفوي، وخطي، إصدار حكم بمسألة ما، القدرة التنظيمية لدى الموظف وتحمل الضغوط.

(Bench Marks):

وهي أداة مصممة لقياس العوامل المهمة ليكون المدير مديراً ناجحاً. والمواد المقاسة تكون مبنية على أبحاث التي تقوم بفحص البرامج التي تعلمها المدراء من الأحداث المهمة والحرجة التي حدثت معهم في أثناء مسلكهم. تشتمل هذه المواد: التعامل مع المساعدين في الحصول على موارد وخلق جو عمل منتج. وهنالك (16) مهارة ووجهات نظر يعتقد بأنها مهمة حتى يصبح الشخص مديراً ناجحاً. ويستخدمها المدير مصحوباً بمعلومات مقارنيه مع تقييمات مدراء آخرين تقييم الأداء وأنظمة التغذية الرجعية (360) درجة.

تقييم الأداء: وهي عملية لقياس أداء الموظفين. هنالك عدة طرق مختلفة لقياس الأداء مثل: تصنيف الموظفين حسب رتبهم، تقديم سلوك عملهم، تقدير مدى الصفات المرغوبة لدى الموظفين والضرورية لنجاح الوظيفة (مثل القيادة). كذلك القياس المباشر لنتائج أداء العمل (مثل الإنتاجية).

وقد تكون هذه الطرق (مفيدة لتطور الموظفين) ضمن ظروف معينة ويجب على نظام التقييم أن يعطي الموظفين معلومات معينة بخصوص مشاكل أداؤهم والطرق التي يمكن معها تحسين أداؤهم. كذلك يجب على التقييمات أن توفر منهجياً واضحاً للاختلاف بين الأداء الحالي والأداء المتوقع، كذلك تحديد مسببات الخلل في الأداء وتطوير خطط عمل لتحسين الأداء، لذا يجب أن يكون المدراء مدربين على توفير وتقديم للموظفين تغذية رجعية، ويجب أن يراقبوا تقدم الموظفين عند تنفيذهم لخطط العمل.

هناك ما يسمى عملية التغذية الرجعية (360) درجة الصاعدة، حيث كثير من الشركات الكبرى تستخدم هذه الطريقة.

* التغذية الرجعية الصاعدة (**Upward feedback**):

ويعني عملية تقييم تتعلق بجمع تقويم الموظفين لمهارات وسلوك المدراء. بينما التغذية الرجعية (360) وهي عملية خاصة من عمليات التغذية الرجعية الصاعدة، وهنا يتم تقييمهم من قبل زملائهم والزبائن ومديرهم وأنفسهم، بحيث توزع استبانة عليهم تحتوي مواد تقديرية لمعرفة مهارات وسلوك الموظف المعني، نتائج هذا التقويم الذاتي عن تقويم الآخرين، والأهم من ذلك هو معرفة نقاط الضعف والقوة لدى الشخص الذي تم تقييمه وهنا تبرز وظيفة المدير في وضع الخطط لتقوية نقاط الضعف لدى الموظف المعني، وهذه الطريقة مستخدمة لتقوم المدراء في كثير من الشركات.

مراحل تقييم الصاعد (360):

-يعرف المدير نقاط الضعف والقوة لديه.

-مقارنة التقييم الذاتي عما أجراه الآخرون من تقييم له، (هل يوجد مبالغة في تقويم نفسه؟)

-تعريف المهارات التي يجب تقويتها وتحسينها.

-كيفية تحديد التقدم في عملية التحسين هذه والوصول إلى الهدف.

-توفير الاستراتيجيات للوصول للهدف وهذه تتكون من ثلاثة أقسام:

(1) يجب على المدير لتحديد أفعال محددة ليقوم بها للوصول إلى هدفه. (خبرات عمل أو فصول تعليمية).

(2) من يسأل المدير بقصد حصوله على تغذية رجعية بخصوص تقدمه.

(3) كيف سيجد المدير التقوية اللازمة لتحسين ضعفه وهنا التقوية الذاتية هي المفتاح للنجاح.

فوائد التقويم (360):

(1) جمع وجهات نظر مختلفة بخصوص أداء المدير.

(2) تبين الدراسات على أن تحسين الأداء والتغيير في السلوك يحدثان نتيجة للمشاركة في نظام التغذية الرجعية (360).

(3) تحدث أكثر التغيرات عند المبالغة في التقويم الذاتي.

مساوئ تقويم (360):

(1) يستغرق وقتاً طويلاً.

(2) يعرض بعض الموظفين للعقاب فيما إذا أعطوا ملاحظات سلبية بحق المدير.

عوامل نجاح تقويم (360):

(1) يجب على النظام أن يقدم تقويم مستمر وذو مصداقية.

(2) التغذية الرجعية تنحصر في العمل والوظيفة.

(3) سهولة استخدامه ومفهوم ذات علاقة.

(4) يجب على النظام أن يؤدي إلى تطوير المدراء.

عوامل يجب أخذها بعين الاعتبار لدى تقويم 360 درجة:

(1) من سيقوم بالتقويم؟

(2) كيف ستتم المحافظة على سرية الشخص الذي يقوم بالتقويم؟

(3) ما هي المهارات والسلوكيات المتعلقة بالعمل والوظيفة؟

(4) كيف ستتم المشاركة الكاملة والإجابات الوافية من كل موظف الذي يطلب منه أن يقوم بالتقويم؟

(5) ما الذي سيحتويه تقرير التغذية الرجعية؟

(6) كيف يمكن التأكد أن المدراء استلموا التغذية الرجعية هذه ويقومون بالتعرف حيالها؟

يمكن إرسال الاستبيان الكترونياً بفعل التقنية الحديثة إلى القائمين على التقـويم، وهـذا يزيد من الاستبيانات الكاملة ويكون من السهل تحرير المعلومات التقيمية.

خبرات العمل:

تحدث تحسينات لمعظم الموظفين أثناء قيامهم بالعمل أو بمـا يسـمى خـبرات العمـل، وتشير خبرات العمل إلى: علاقات ومشاكل ومطالب ومهمات وأشياء أخرى يواجهها المـوظفين وهم على رأس عملهم، فيكون هنالك اختـلاف بـين مهـارات الموظـف وخبراتـه السـابقة مـع المهارات المطلوبة لعمله الحالي. وحتـى يكـون المـوظفين نـاجحون في عملهـم علـيهم توسـيع مهاراتهم وهذا يعني تعلم مهارات جديدة، تطبيق معارفهم وخبراتهم بطرق جديدة والتفوق في خبرات جديدة.

قام مركز القيادة المبتكرة في ولاية كارولينا الشمالية بوضع برنامج يتضمن الطلب مـن المدراء أن يذكروا أحداث مهمة في مسلكهم وكيف تعلموا منها: من هذه الأحداث:

(1) إجراء تحويلات خاصة في مسؤوليات غير مألوفة لديهم وإثبات قدرته على إدارتها.

(2) أحداث تغييرات مثل تطوير اتجاهات جديدة.

(3) تحميل مسؤوليات كبيرة خاصة في مهمات كبيرة تؤثر على مستقبل الشركة.

(4) أن يفترض سلطته لتنفيذ أهداف الشركة حتى ولو لم يكن له سلطة مباشرة على المديرين الآخرين.

(5) مواجهة العقبات.

توسيع الوظيفة الحالية (**Job enlargement**): تعني إضافة ومسؤوليات جديدة إلى الوظيفة الحالية التي يقوم بها الموظف. وقد تشمل هذه على إسناد مشاريع واستبدال ادوار ضمن فريق العمل أو البحث عن طرق جديدة لخدمة العملاء والزبائن قد تسمح بعض الشركات لموظفيها بإعادة تصميم وظائفهم.

تناوب العمل (**Job Rotation**): تعني جعل الموظفين يقومون بأعمال في مختلف المناطق الوظيفية في الشركة أو التحرك بين الوظائف بنفس القسم. ويطلب من هؤلاء الموظفين تسجيل خبراتهم وتعلمهم أثناء تنقلهم بين المهمات.

يساعد تناوب العمل الموظفين على كسب ومعرفة تقدير كلي لأهداف الشركة ويزيد من فهمهم لوظائف وأعمال مختلفة للشركة كذلك تقوم بتحسين مهاراتهم في حل المسائل واتخاذ القرارات، كذلك اكتساب المهارات، ارتفاع في راتب الموظف وترفيعه لمراكز أعلى بالشركة.

مساوئه:

قد يكون وقت التناوب قصيراً بحيث لا يكسب الموظفين المعنيين الخبرات المتوقعة وقد تولد لديهم حالات الإحباط لعدم تسلمهم مهام كبيرة قد تقل الإنتاجية ويزيد العبء الوظيفي عليهم.

صفات التناوب المؤثر:

(1) التناوب الوظيفي يكون لتطوير المهارات وإعطاء الموظفين خبرات لازمة لمراكز إدارية.

(2) يفهم الموظفين خبرات محددة والتي سيتم تطويرها مع التناوب.

(3) استخدامه من قبل جميع الموظفين وعلى جميع المستويات.

(4) التناوب مربوط بعملية الإدارة السلوكية لذا يعرف الموظفين التطورات اللازمة لذلك.

(5) تزيد فعالية التناوب وتقل تكلفته عند الاختبار في الوقت الملائم له.

(6) يجب أن يكون الحق لجميع الموظفين بالتناوب بغض النظر عن مواقعهم الجغرافية والديموغرافية (عمر، جنس ... الخ).

*** التنقلات والترفيعات وتحركات باتجاه الأسفل:**

جميع هذه متوفرة بالشركة لأغراض تطويرية.

التنقلات (Transfers):

بحيث يعطي الموظف وظيفة في منطقة أخرى للشركة. ولا يعني زيادة في المسؤوليات أو التعويضات، حيث أنها تنقلات جانبية (**Lateral**) أي بنفس المسؤولية. التنقلات قد تكون إلى مناطق مختلفة داخل البلد أو خارجه وإذا كان خارج البلد فهو يسبب صعوبات على عائلة الموظف ويعرقل حياة الموظف اليومية وعلاقاته الشخصية وعادات العمل كذلك صعوبات لإيجاد منزل جديد وبيئة جديدة لذلك يرفض معظم الموظفين عروض النقل. والذين يقبلون به لديه طموحات في مراكز عالية بالشركة وتقدماً لهم كذلك الموظفين الغير نشيطون في مجتمعهم السكاني يقبلون التنقل، كذلك رغبة الزوجة أو عدمه يؤثر على قرار التنقلات.

الترفيعات: وهي تقدم وظيفي مع زيادة في المسؤوليات وسلطة أكثر من الوظيفة السابقة وزيادة بالراتب.

الحركة باتجاه الأسفل (**Downward move**): عندما يعطي موظف مسؤولية أقل من مسؤوليته فهذا يدل على ضعف أداءه ولكنها تكون حركة مقصورة يعني أن يترك مهندساً مرتبه لينزل إلى مستوى أقل ولكن يكون ذلك طمعاً في مركز إداري كأن يصبح رئيس قسم هنالك حتى ينمي مهاراته الإدارية.

ولكن الناس يقبلون الترفيع لما له ميزات كثيرة عن هبوط الوظيفة، بحيث لا يعقل أن يقبل أن يهبط من وظيفة إلى وظيفة أدنى بسبب التنمية والتطور، حيث أن بعض الموظفين يفضلون ترك الشركة بدلاً من الهبوط السفلي أو التنقلات. وحتى

يقبل الموظفين بهذه التحركات (تنقلات، ترفيعات، وتحركات للأسفل) على أنها فرص تنمية وتطور على الشركات أن تقدم لهم ما يلي:

(1) تقديم معلومات كافية بما فيها الفوائد التي سيجنوها.

(2) بخصوص التنقلات إرسال الموظف إلى مركزه الجديد ليتعرف عليه وعلى المجتمع هنالك.

(3) أهداف واضحة وتقارير رجعية عن أداء الموظفين.

(4) مضيف في المكان الجديد حتى يساعد في عملية استقرار الموظف المنقول.

(5) معلومات حول تأثير المركز الجديد على دفعهم ضرائب، دين المنزل، مصاريف أخرى.

(6) تعريف مساعدة في بيع منزل الموظف ومساعدته في شراء أخر بالمكان الجديد.

(7) برنامج تدريبي حول المكان والوظيفة الجديدة.

(8) ضمان بأن الوظيفة الجديدة سوف تعزز تنمية مسلك الموظف.

(9) مساعدة في أفراد عائلة الموظف في تعيين مدارس جديدة لهم.

(10) مساعدة زوجة الموظف في إيجاد وظيفة واستغلال مهاراتها في المكان الجديد.

إعادة (Externship):

السماح للموظفين بأن يعملوا بدوام كامل ولكن مؤقت في شركة أخرى وهذه تقدم خيارات وظيفة للمعادين وهي استراتيجية تطور ممتازة.

تبادل مؤقت لموظفين: اتفاق شركتين على تبادل مؤقت بين موظفيها مثل بنك شيكاغو وكوداك.

علاقات ما بين شخصية (**Inter p. rela**): بإمكان الموظفين تطوير مهاراتهم وزيادة معرفتهم عن الشركة وزبائنها من خلال تداخلهم مع أعضاء أكثر خبرة في الشركة وتنقسم العلاقات ما بين شخصية إلى قسمين وهي: تعليم وتدريب وهما كالتالي:

1- تعليم (**hectoring**) المعلم (**mentor**): موظف قديم بالشركة وذو خبرة واسعة والذي يساعد في تعليم موظف أقل خبرة وهي علاقات غير رسمية تحصل نتيجة لاهتمامات وقيم بين الموظف القديم والآخر الجديد والموظفين الطموحين يصبحون دائماً عن علاقات مع موظف أكثر خبرة. وقد تقوم الشركة بوضع خطط لهذا التعليم.

كذلك يستخدم هذا النوع من التعليم في تقييم درجة وذلك لتقوية نقاط الضعف لدى الموظفين الذين بحاجة إلى تحسين صفات برامج التعليم (**Mentoring**) الناجحة.

برامج تحسين صفات التعليم الناجحة:

(1) مشاركة المدرب والموظف الجديد تكون تطوعية وتنتهي العلاقات بينهما بدون خـوف أو عقاب.

(2) يمكن وضع مجموعة من المدربين ليقوم الموظف الجديد باختيار المناسب له.

(3) يتم اختيار المعلم بناءاً على خبرته السابقة في تطوير الموظفين.

(4) غاية البرنامج مفهومه بوضوح لدى الطرفين.

(5) يتم تحديد مدة البرنامج ولكن يشجع كليهما لاستمرارية العلاقة بعد الدوام.

(6) يمكن تحديد المستوى الأدنى من لقاء المعلم مع الموظف المتدرب.

(7) يشجع الموظف تحت التدريب بالاتصال مع بعضهم البعض بعقد المشاركة في الأفكـار والمشاكل.

(8) يتم تقييم برنامج التعليم هذا ويمكن استخدام الدراسة الإحصائية لهذه الغاية.

(9) يمكن تعويض المعلم بحيث تقدر له جهوده ووقته.

فوائد البرامج التعليمية (mentoring):

(1) يقدم المعلمون مساندة نفسية ومهنيـــة للموظفـــين الدعـــم المهنـي (**career support**) تـدريب وتبنـي وتقديـم فـــرص تحـدي إفصاح ورؤيـة الـدعم النفسي-

(**psycho logical support**) صديق وقدوة، تقديم اعتبارات إيجابية وتقدير، التكلم مع الموظف الجديد للتعبير عن مخاوفه وقلقه.

(2) نسبة عالية من الترقية، رواتب عالية وتأثير مؤسسي كبير.

(3) تنمية العلاقات ما بين شخصية، زيادة الثقة بالنفس والقيمة لدى المؤسسة.

(4) في مجالات الهندسة والخدمات الطبية يكتسب الموظف معلومات فنية وتطورات علمية.

غايات برامج التعليم (mentoring):

(1) 20% من الشركات تملك برامج تدريبية مثل هذه.

(2) تختلف غايات هذه البرامج مثل:

- الاشتراك (المخالطة) الاجتماعية للموظفين الجدد.

- زيادة نقل المهارات من مكان التدريب إلى مكان العمل.

- تصمم هذه البرامج للنساء والأقليات لكسب المهارات اللازمة لمراكز إدارية.

- تنمية مهارات المدراء الكبار لكسب مهارات معينة.

2- وهنالك ما يسمى ببرامج التدريب (تعليم) الجماعية (**group mentoring programs**): مثل موظفين خبراء يدربون مجموع من الموظفين الجدد وهنالك

فائدة بارزة هنا وهي أن الموظفين الجدد يتعلمون بعضهم البعض كما يتعلمون من الموظف ذو الخبرة المشرف عليهم.

* علاقات التدريب الوظيفي **(Coaching- Relationships):**

المدرب **(Coach)**: هو زميل عمل أو مدير والذي يعمل مع موظف لتحفيزه ومساعدته في تطوير مهارته وتقديم تقوية ودعم وتغذية رجعية له.

هنالك ثلاثة أدوار يستطيع المدرب أن يقوم بها:

(1) واحد لواحد أي المدرب والموظف.

(2) وضع الموظف مع شخص خبير ليتعلم بذاته ومن ذلك الخبير.

(3) يقدم لهم مصادر ثابتة مثل معلم **(mentor)** أو دورات أو خبرات وظيفية التي لم يكن الموظف قادراً على الحصول عليها من قبل ورشات العمل تفيد في هذه الغاية.

(4) أفضل المدربين هم الذين يشعرون بشعور الآخرين، عمليون وقساة ومهتمون بمساعدة الآخرين كلهم ثقة بأنفسهم.

ملاحظة هامة: على برامج التدريب التي تعتني بتطوير مهارات المدرب بحاجة للتركيز على مواضيع ذات علاقة بتردد المدراء لتقديم **(coaching)** وهي:

(1) قد يكون المدراء مترددون في بحث مواضيع الأداء حتى يتجنبوا المواجهات خاصة إذا كان المدير ذو خبرة أقل من الموظف.

(2) قد يكون المدراء قادرون على تحديد مشاكل الأداء ولكنهم أقل قدرة على مساعدة الموظفين في حل هذه المشاكل.

(3) يقوم المدراء بتفسير التدريب على أنه نوع من الانتقاد والإحراج للموظفين.

(4) قد يشعر المدير بأنه لا وقت للتدريب خاصة وإن الشركات الآن تعمد إلى تخفيض نسبة الموظفين لديها.

*** تخطيط عملية التطوير:**

تتعلق هذه بتحديد حاجات التطور واختيار هدف التطور وتحديد الإجراءات التي سيتخذها الموظف والشركة للتوصل لهذا الهدف. كذلك قياس التقدم نحو هذا الهدف من ناحية وقت وطاقة المسؤوليات بهذا الخصوص التي تقع على كاهل المدير من ناحية أخرى حيث يكون دور المدير في توفير: التدريب، إيصال معلومات حول فرص التنمية للموظف (دورات وخبرات عمل)، المساعدة في إزالة عوائق التطور كذلك يجب على المدراء مساعدة الموظف في وضع أهداف واقعية للتطور وقياس تقدمهم.

استراتيجيات الشركة في توفير التطور: هنالك عدة استراتيجيات تسلكها الشركات في توفير التطور لموظفيها أهمها:

(1) توفير التطور للمدراء الكبار والإدارة العليا وللموظفين الذين يملكون الإمكانات ليصبحوا مدراء.

(2) إهمال مدراء "الصغار" في المستوى السفلي من التنظيم الإداري علماً بأنهم يقومون بأدوار مهمة بالشركة (تحفيز وحفظ الموظفين).

(3) الطلب من جميع الموظفين بتكريس مدة زمنية محددة أو دفع مبلغ معين لغايات التطوير وهذه الطريقة تكفل المشاركة الكاملة من قبل الموظفين لأنها تمثل تدريب رسمي.

(4) أكثر هذه الاستراتيجيات فعالية هي:

- الفردية (**Individualization**) موجهة مباشرة لضعف الموظف وتقييم 360 درجة.

- سيطرة المتعلم.

- الدعم المستمر.

يتكون الإطار للتطور من أربعة أجزاء:

(1) أدوار التطور: مدراء، معلمون، موظفو تطوير.

(2) توقعات الأداء: وصف الكفاءات ونتائج الأداء وخبرات العمل الرئيسة المطلوبة لنجاح الشركة.

(3) حاجات التطور: مدى وعدد مرات التطور والسيطرة على منع المتخلفين.

(4) خريطة الطريق للتطور: وصف لنشاطات التطور في كل مستوى، يستطيع الموظفين الوصول إلى هذه بواسطة الانترنت وذلك بالدخول إلى موقع الشركة.

* التعلم الإلكتروني وتطوير الموظفين **(E-Iearning):**

قامت الكثير من الشركات بتحويل برامجها التدريبية والتطورية إلى الانترنت وذلك لتسهيل دخول الموظفين إليها.

يحتوي النموذج التعليمي أربعة مستويات وهي:

(1) وجهات السريعة للإدارة: توفير معلومات عملية يتعلق بالإدارة.

(2) فصول تعليمية نشطة: وهي توضح الوظائف الإدارية.

(3) التعلم التعاوني: إمكانية اتصال المتدرب بالمدرب بواسطة شبكة انترنت الشركة.

(4) مختبرات التعلم.

* قضايا خاصة في تدريب وتطوير الموظفين **تشمل:**

(1) الاستفادة من المواهب Capitalizing on Local Talent

تخدم المجموعات الغير ربحية أو وسطاء التوظيف كحلقة اتصال بين أصحاب العمل والموظفين من خلال تطوير برامج تدريب للعمال ذوي الدخل المتدني، أن العلاقة بين الموظفين والشركات قائمة على المنفعة المتبادلة حيث يلتقي الموظفين

أعمالاً مدفوعة الأجر وتحصل الشركات على ما تحتاج لتحقيق أهدافها. وقد ظهر بأن برامج التدريب لا تفيد العمال فقط وإنما تفيد المجتمع أيضاً ويصبح للأفراد فهم أكبر للبيئة الواسعة (مثال سوق العمل).

إن الضغوط البيئية الأخرى التي تؤثر على الشركات تشمل القضايا القانونية، العولمة وقوى عاملة متزايدة التنوع. إن كل من المتدربين والمدراء الذين يشترون خدمات التدريب عليهم أن يدركوا القضايا القانونية المتعلقة بممارسة التدريب، إعداد الثقافات المتقاطعة، تنوع التدريب، برامج تدريب غير العملية.

قضايا تدريب ناتجة من البيئة الخارجية **Training Issues Resulting From The external Environment.**

- التسبب في كسر السرية أو تشويه شخص.
- إعادة إنتاج أو استعمال مواد عليها حقوق طبع في صفوف التدريب دون إذن.
- استثناء النساء، الأقليات من برامج التدريب.
- عدم ضمان تساوي المعاملة خلال التدريب.
- الطلب من الموظفين حضور برامج التدريب التي يجدونها هجومية.
- الإيحاء بمعلومات تمييزية خلال حصة التدريب.
- عدم استيعاب متدربين معاقبين.

- عمل تقارير تدريب غير صحيحة كتكلفة أو الإخفاق في اعتبار تعويضات التدريب كدخل.

(2) تحضير التقاطع الثقافي Cross- Cultural Preparation:

إن الشركات اليوم تواجه تحدي التوسع عالمياً وبسبب الزيادة في العمليات العالمية يعمل الموظفين خارج بلادهم خلال مهمات عالمية تساهم في نجاح شركاتهم عالمياً. الأنواع المختلفة من الموظفين في شركات عالمية.

- رعايا البلد الأم: الموظفين الذين بلدهم الأصلية حيث رئاسة الشركة موجودة.
- رعايا البلد المضيف: موظفين من البلد المضيف.

لموظفين من نفس جنسية البلد الذي تقع فيه الشركة والسبب الرئيسي- أن حاملي جنسية البلد المضيف يستطيعون الفهم بسهولة أكثر قيم وعادات القوى العاملة كذلك فإن تدريب ونقل الموظفين والأمريكيين وعائلاتهم إلى واجبات أجنبية وإسكانهم أيضاً أكثر تكلفة من استخدام جنسيات نفس البلد المضيف، إن إعداد التقاطع الثقافي يشمل تدريب الموظفين (المغتربين) وعائلاتهم الذين سيرسلوا إلى بلد أجنبي ليقوموا بعملهم بنجاح في سوق العمل العالمي وكذلك على الموظفين فهم ممارسات العمل والمعايير الثقافية للبلدان المختلفة.

المفاجآت السلبية التي تواجه المدراء اليابانيين الذين وصلوا حديثاً إلى أمريكا من حيث:

(أ) حياة المجتمع.

(ب) ممارسة الأعمال.

(ج) ديناميكية تنظيمية.

(د) التعاملات بين الأشخاص.

(3) أبعاد الفروقات الثقافية Dimensions of Cultural Differences:

1) العديد من الميزات الثقافية تؤثر على سلوك الموظف، أخذاً بالاعتبار أن هناك ثقافات قومية وكذلك ثقافات شركات. وتشير الثقافة إلى مجموعة من الافتراضات يتقاسمها أعضاء قادرين على الاتصال الشفهي أو غير الشفهي في البلد المضيف.

2) مرنين، مقاومين للغموض ومراعين للفروقات الثقافية.

3) محفزين للنجاح وقادرين على التمتع بالتحدي للعمل في بلدان أخرى وعلى استعداد لتعلم ثقافة البلد المضيف، اللغة، العادات.

4) مدعومين من قبل عائلاتهم.

5) قادرين على الاتصال الشفهي في البلد المضيف.

(4) إدارة تنوع القوى العاملة Managing Work Force Diversity:

بالرغم من الجهود للعديد من الشركات لقبول التنوع فقد استمرت الأقليات والنساء تخبر عن العديد من المعوقات لفهم الشعور والدفع في فهمهم ومن هذه المعوقات الاستثناءات من شبكات العمل الغير رسمية.

ما هو التنوع؟ لماذا مهم؟

أهداف تنوع التدريب هي:

- تحديد القيم، النمطية، والممارسة الإدارية التي تحضر تطورات الموظف الشخصية.
- السماح للموظفين بالمساهمة بالأهداف التنظيمية بغض النظر عن جنسيتهم، عمرهم الحالة الجسمانية، الخلفية الثقافية.

إن الشركات بحاجة دائماً إلى الإبداع من أجل المنافسة وزيادة الحصة السوقية ويتحقق ذلك من خلال تعين موظفين من جنسيات متنوعة.

إن الاستفادة من التنوع أيضاً يلعب دوراً رئيسياً في نجاح فرق العمل ومن خلال التنوع في الخبرات المهنية والوظيفية، وطرق حل المشكلات وغير ذلك.

حتى أن بعض الشركات تطلب مسؤوليات دورية، بحيث أن كل شخص لديه الفرصة في إظهار قدراته ويتطلب التنوع الناجح أن ينظر إليه كفرصة للموظفين لـ:

(1) التعلم من بعضهم البعض لإنجاز أعمالهم بشكل أفضل.

(2) تزويدهم بثقافة تنظيمية داعمة وتعاونية.

(3) تعلم القيادة ومهارات التقدم التي تستطيع تسهيل وظائف الفريق.

كيف تستطيع إدارة التنوع تقديم ميزة تنافسية Hom Managing Diversity can provide competitive Advamreye

- الكلفة: (**Cost**) كلما أصبحت المنظمات أكثر تنوعاً فإن تكلفة عمل ضعيف في دمج العمال سيزداد، هؤلاء الذين يتعاملون في الدمج جيداً سيخلقون فوائد تكلفة أكثر من الذين لا يتعاملون.

- اكتساب المصادر: إن المنظمات التي تتعامل بشكل عادل مع جميع الموظفين بغض النظر عن الجنس أو العرق أو غير ذلك فإنها تستطيع الحصول على المصادر الجيدة لها.

إدارة التنوع من خلال مدخل التشريعي Managing Diversity through adherence to legislation:

يوضع دورة من خيبة الأمل والتي ينتج من إدارة التنوع من خلال مدخل التشريع.

(1) النساء الأقليات يتركن العمل.

(2) خيبة الأمل.

(3) الأوضاع التنظيمية.

(4) الفعل (الأداء).

(5) الاسترخاء.

(6) الإحباط.

إدارة التنوع من خلال برامج تدريب التنوع:

لإدارة ناجحة لقوي عمل متنوعة تحتاج الشركات أن تؤكد:

(1) أن يفهم الموظفين كيفية تأثر قيمهم ونمطيتهم على سلوكهم نحو الناس من أجناس مختلفة سواء من حيث العرق أو الدين.

(2) يكسب الموظفين تقديراً من الفروقات الثقافية بين أنفسهم.

(3) السلوك المجبر أو المهدد في الغالب يؤدي إلى تحسين أعضاء المجموعة.

وهذه تركز على زيادة إدراك الموظفين للفروقات في الثقافة والخلفيات العرقية، الخصائص الجسدية (مثلاً الإعاقات)، والميزات الشخصية التي تؤثر على السلوك نحو الآخرين أن الافتراض الأساسي لهذه البرامج هو بزيادة وعي الموظفين بحيث يكونوا قادرين على استبعاد الأنماط السلبية عند تفاعلهم مع موظفين من خلفيات مختلفة ويستعمل العديد من هذه البرامج أشرطة الفيديو والتمارين التجريبية.

(5) السلوك أساس البرامج Behavior Based Programs:

ويتم هنا التركيز على تغير السياسات التنظيمية والسلوك الفردي الذي يقلل النمو الشخصي والإنتاجية للموظف ومن أحد هذه الطرق تدريس المدراء والموظفين

والقوانين الأساسية للسلوك في مكان العمل وتتضمن هذه الدروس السلوك نحو الزملاء والمدراء وكذلك الزبائن فمثلاً يجب أن يتعلم المدراء والموظفين السلوكيات التي تحد من العنصرية السلبية.

طريقة أخرى هي الانغماس الثقافي وهذه تشير إلى عملية إرسال الموظفين مباشرة إلى المجتمعات حيث عليهم أن يتفاعلوا مع أشخاص من ثقافات مختلفة الأعراق أو الجنسيات.

مثال، أن شركة التأمين تعمل مسحاً لكل موظفيها البالغين (50 ألف) أربعة مرات في السنة ويسأل المسح الموظفين عن كيفية إرضاء الشركة للزبائن والموظفين ويستعمل العديد من الأسئلة حيث يسأل الموظفين أسئلة حول مدى تأثير التحيز العرقي أو الجنسي عن فرص التطوير، الترقية، وخدمة الزبائن.

تقوم حكومة الولاية المحلية بتقديم تدريبات تتعلق بمهارات معينة لمتلقي الخدمة وفي الغالب فإن المهارات تعتمد على احتياجات أصحاب العمل المحليين فمثلاً في **Oregon** فإن دائرة المصادر الإنسانية ساعدت في إيجاد عمل لتسعة عشر ألفاً من خلال البرامج التدريبية التي قدمتها لهم.

قضايا التدريب المتعلقة بالاحتياجات الداخلية للشركة:

لقد اضطر أصحاب العمل لتطوير برامج تدريب لتطوير المهارات الأساسية للعاملين فكلما تقدمت الشركة فإنها تحتاج إلى موظفين قادرين على مواكبة تلك التطورات وتتضمن برامج المهارات الأساسية عدة خطوات:

(1) تحديد المهارات الضرورية التي يحتاجها الموظفين ليكونوا ناجحين في أعمالهم.

(2) تقييم المهارات الحالية للموظفين.

إن برامج التدريب التي طورت تعتمد على تحليل الفجوة بين مستوى المهارات الحالية ومستوى المهارات المرغوب بها ويتم توضيح أهمية البرامج التدريبية للعاملين وانعكاسها على أداء العاملين.

* تخطيط التعاقب **Succession Planning:**

وتوصي الأبحاث أن التطور للموظفين ذوي الإمكانات العالية يشمل على ثلاثة مراحل:

في المرحلة الأولى، يختار الموظفين ذو الإمكانات العالية أولئك الذين أكملوا برامج أكاديمية ممتازة (مثلاً **MBA** في ستانفورد). أو الذين كانوا من ذوي الأداء الجيد. فحوصات نفسية كتلك التي أجريت في مراكز التقييم يمكن أن تستعمل أيضاً.

في المرحلة الثانية، يتلقى الموظفون ذو الإمكانية العالية خبرات تطوره أن أولئك الذين ينجحون هم الذين يستمروا في إظهار الأداء الجيد. الاستعداد للتضحية للشركة هو ضروري أيضاً (مثلاً قبول مهمات جديدة أو يتم نقله إلى مكان جديد). مهارات اتصالات جيدة مكتوبة وشفهية، علاقات داخلية مريحة، والموهبة للقيادة إجبارية. فيما يعرف بنموذج

المسابقة لتحولات العمل. إن الموظفين الذين يفون بتوقعات مدرائهم الرئيسيين في هذه المرحلة، سيعطوا الفرصة للتقدم للمرحلة التالية من العملية. وأما الموظفون الذين لا يفون بتوقعات المدراء، فإنهم يهملون لمراكز إدارية عالية في الشركة.

المرحلة الثالثة: فإن الموظفين ذو الإمكانيات العالية في العادة تتم مقابلتهم من الإدارة العليا كمناسبين لثقافة الشركة.

* التدريب ونظام الدفع:

يشير الدفع إلى المزايا التي تعطيها الشركة للموظفين مقابل عملهم وتستعمل الشركات النظام التعويض لتحقيق العديد من الأهداف ومنها جلب موظفين موهوبين للالتحاق بالشركة، الاحتفاظ بالموظفين الحالين وعدم تسربهم إلى شركات أخرى منافسة في سوق العمل ولكي المهارات الموظفين وأفكارهم ويتم ذلك إذا كانت المنظمة مرنة وتسمح بأن تكون بيئتها بيئة تعليمية وربما أن لدفع موصول مباشرة مع كمية المعرفة أو المهارات التي اكتسبها الموظفين سيتم تحفيز الموظفين لحضور برامج التدريب وهذا يعني أن الحجم المدار كذلك تكاليف التدريب تزداد في أنظمة الدفع المعتمدة على المهارة في العادة يخدم المدراء وأقرانهم كمدربين ويشمل التدريب مزيجاً من التدريب على العمل واستعمال التقنيات المختلفة مثل المحاضرات وأشرطة الفيديو وكنتيجة لذلك فإننا نحتاج إلى تدريب الموظفين ليكونوا مدربين وبما أن المهارات عرضة للفناء تتطلب أنظمة الدفع المعتمدة على المهارة تقييم زمني لمهارة الموظفين

ومعرفتهم لمستعملين نتائج السلوك ومع أن الموظفين قد يكونوا معتمدين أن لديهم سيطرة على المهارات قد تتطلب برامج نظام الدفع المعتمد على المهارات حضور حصص تعاش على أساس زمني ليبقوا معتمدين ويتلقوا الأجر الأعلى.

هوامش ومراجع الفصل الثامن

(1) عليوة، السيد، (2001). تحديد الاحتياجـات التدريبيـة، (ط1). آيـتراك للنشر ـ والتوزيـع، عمان- الأردن.

(2) ياغي، محمد عبد الفتاح، (2003). التدريب الإداري بين النظرية والتطبيق، (ط2). مركز أحمد ياسين الفني، عمان - الأردن.

(3) **Noe, Raymond A., (2005). Empbyee Training and Development, (Mc Graw-Hill).**

(4) **Lilly M. Berry, (2004). Employee selection. San franciso.**

(5) **www.Csb.Gov.Jo.**

الفصل التاسع

الإصلاح الإداري في الدول العربية

تمهيد:

لقد اكتسب مفهوم الإصلاح الإداري العديد من المعاني والمصطلحات والآراء المختلفة بعدد ما يوجد مؤلفين بهذا المجال وهذا إن دل على شيء فإنه يدل على عدم وجود اتفاق بين الدارسين حول صهر ودمج كل هذه المصطلحات بشكل معقول، وبالنسبة للاتجاهات المتضاربة بين الإصلاحيين فإن كل رأي لهم تم وضعه بناء على فهم خاص لمفهوم الإصلاح على أساس جوانبه وأبعاده الخاصة.

وتشير التجارب المأخوذة في الدول النامية بشكل عام والدول العربية بشكل خاص إلى نوع من الدمج بين المفاهيم الخاصة بعملية الإصلاح الإداري والتطوير الإداري ولا يعتبر هذا المزج غريباً على الباحثين بالشؤون الإدارية بل يشمل المدراء المتخصصين.

*** أسباب الاختلاف في تعريف مفهوم الإصلاح الإداري:**

نظراً لأن المصطلحات المذكورة سابقاً تمثل عدة معان للإصلاح الإداري في الوطن العربي خلال مرحلة نشأته وتطوره، فقد حاول الباحثون توضيح وجهات

النظر المختلفة لهذه المفاهيم، وفيما يلي سنذكر مجموعة من أسباب هذا الاختلاف وهي:

(1) يعتبر مصطلح الإصلاح الإداري مصطلحاً أساسياً حيث يعبر في دوره عن قيم خاصة، بالإضافة إلى وجود صعوبة بالغة في تفعيل المصطلح ومحاولة قياس نتائج ومخرجات هذا الإصلاح، وبالتالي فإن كل هذه الأمور اعتبرت حواجز في وجه الاتفاق على صيغة تعريف واحد، ولا ننسى أن نذكر أن المصطلح نفسه يعتبر مضللاً بعض الشيء.

(2) اختلاف البيئات التعليمية والثقافية للدارسين والباحثين حول موضوع الإصلاح الإداري وبالتالي اختلاف التعريف والصيغة المعبرة عن الإصلاح الإداري وهذا بدوره يفسر عدم وجود نظام إداري نمطي واحد يمكن تطبيقه في جميع الظروف والثقافات العالمية.

(3) إن عملية الإصلاح الإداري لا تعتبر وسيلة أو أداء لتنفيذ المهام الإدارية ولتحقيق الخطط التطويرية بل إنها أيضاً تعتبر عملية سياسية واقتصادية واجتماعية في نفس الوقت.

(4) أدى عدم وجود اتفاق على الاتجاهات والأهداف والتركيز إلى انعدام الاتفاق على وجهة نظر متناسقة للإصلاح الإداري.

* إعادة تعريف مفهوم الإصلاح الإداري:

على الرغم من الاختلاف وعدم الاتفاق بين الباحثين والممارسين حول مفهوم وتعريف مصطلح الإصلاح الإداري، إلا أن جهودهم لوضع خط عام للإصلاح لم تذهب سدى. حيث أنه بعد الاستعانة بخبرات الدول الغربية وربطها بالإطار العام للمبادئ العامة للإصلاح الإداري خرج الباحثون باتفاق عام حول هذا المفهوم وتشير الدلائل التالية على هذا الاتفاق العام حول مفهوم الإصلاح الإداري:

(1) يوجد هناك اتفاق عام بين الباحثين على أهمية ربط الإصلاح الإداري مع الأهداف الحكومية الموضوعية بشكل رسمي.

(2) لا يتوقف دور الإصلاح الإداري على إصلاح النظام فحسب بل يتعدى ذلك ليشمل الإصلاح السياسي والاقتصادي والاجتماعي تحت مظلة من الأهداف الأخلاقية.

(3) يضم الإصلاح الإداري التركيز على المبادئ والقيم الأخلاقية.

(4) يعتبر الإصلاح الإداري تغير موجهاً ومخططاً له.

(5) يتأثر تعريف الإصلاح الإداري في أي دولة بالمواقف والأحداث السائدة داخل تلك الدولة.

تتفق جميع الأطر السابقة للإصلاح الإداري حول محاولة إيجاد فهم عام للإصلاح الإداري في البلدان العربية من خلال إيجاد قواسم مشتركة في هذه التعاريف

ومن ثم الخروج بمفهوم عام وشامل للإصلاح الإداري ليكون قابلاً للتطبيق في جميع البيئات والثقافات. وتهتم المعاني المشتركة بشكل عام للإصلاح الإداري بالتركيز على الأنظمة الإدارية والأهداف الخاصة بالإصلاح.

ويوجد هنالك اتفاق بين المؤلفين والممارسين في حقل الإدارة على أن التغير الدائم أصبح جزأ لا يتجزأ من الأنظمة الإدارية، وفي هذه الحالة يمكن اعتبار الإصلاح الإداري متغيراً أيضاً.

وعليه فإنه يجب أن يعمل الإصلاح الإداري على تطوير واقتراح طرق وأساليب جديدة للتعامل مع المشاكل التي قد تظهر إلى خلق توجهات وأساليبي وعمليات جديدة تساعد على النجاح الإداري.

وهكذا فإن المنظور الديناميكي للإصلاحات الإدارية يجب أن يتضمن مبادرات وعمليات خلاقة في إدارة التغير من حيث التطوير والتخطيط وتحديث الأنظمة بالإضافة إلى التغيرات اللاحقة في البيئة نفسها.

وعلى النقيض من هذا المبدأ يوجد هنالك الإصلاح الثابت أو الذي لا يتغير بتغير المواقف والاتجاهات حيث يستند هذا المبدأ على تطبيق مجهود واحد فقط لتعديل النظام الإداري وإصلاحه وبالتالي نقله إلى مرحلة جديدة.

ويوجد هنالك أربع أطر عامة توضح الأدب النظري العربي حول قضية الإصلاح الإداري وفيما يلي عرض وتوضيح لهذه الأطر:

(1) **التحـديث الإداري:** يـرتبط الإصـلاح الإداري هنـا في التحـديث والتغيـير الإداري في الأنظمة، بحيث أنه في حالة عدم التحديث والتطوير والتغيير لن يكون هناك أي شكل من أشكال الإصلاح الإداري، وقد كان الافتراض بأنـه في حـال تواجـد ممارسـات إداريـة حديثة سـتعمل عـلى تحسـين الأنظمـة الإداريـة، وإن تنسـيق بـرامج وأدوات ونمـاذج الإدارة الحديثة ستسهل تحصيل التغيير والإصلاح المرغوب.

ولطالمـا ارتـبط التحـديث الإداريـة بمفهـوم التطـوير الإداري خاصـة مـن ناحيـة أن الاتجاهات والتركيز على التطوير الإداري التقني يؤمن عناصر هذا الاتجاه بأن الإصلاح الإداري لن يتحقق ما لم تتبنى الدول النامية الأساليب والنماذج التكنولوجية والإدارية الحديثة.

ومن الملاحظ هنا أن عملية التحديث قد لا تحدث بالضرورة في النظام كلـه أو تهـدف لمعالجة شاملة للنظام الإداري، ووفقاً لهذا الرأي فإنه يمكن إصـلاح النظـام الإداري إذا مـا تـم دمج وتوظيف المعرفة والتقنية والأدوات ونماذج الإدارة في الـدول الناميـة الأخـرى في النظـام الإداري. ومن الواضح أن هـذه الآراء تتجاهـل التـأثيرات السياسـية والاقتصـادية والاجتماعيـة المؤثرة على النظام الإداري السائد.

ولقد كان التحديث في حالات عدة نتيجـة إرادة سياسـية لـبعض القـادة الـذين أرادوا تدعيم مواقفهم لكن دون مراعاة الأوضـاع الإداري السـائدة بشـكل فعـلي، فغالبـاً مـا كانـت الحداثة تطبق بشكل غير واقعي وبالتالي لم تحقق هدف الإصلاح الإداري المنشود.

(2) **التطوير الإداري:** يعني هذا المصطلح بعملية وهيكل البيروقراطية، ويميل إلى التركيز على النظام الإداري القائم ويلقي جانباً أخراً من الاهتمام عن كفاءة واقتصاد المنظمات الحالية، وتتمثل الفكرة الأساسية لهذا المبدأ في تطوير المؤسسات القائمة بصورة تدريجية، حيث يبحث فيه المصلحون عن أساليب جديدة أثبتت فاعليتها في بلدان أخرى، ومن ثم العمل على خلق هياكل وإجراءات جديدة بالإضافة إلى تغيير الواجهات الأساسية لأسلوب الإدارة، وبناء على هذه المبادئ فإنه تم توجيه الجهود لتعديل البيروقراطية العامة والممارسات ودمج النماذج الصناعية والتكنولوجية ضمن النماذج السائدة والمطبقة حالياً.

ويتطلب هذا المفهوم تطوير نظام إداري قادر على تحقيق إمكاناته والتكيف مع الظروف المتغيرة، ويتمثل تطبيق هذا الاتجاه في الخبرة العربية في الإصلاح الإداري في حالة التدريب الإداري وخاصة في تركيزه على فئات معينة من الموظفين العامين.

وتشير معظم الشواهد على أن نظريات التدريب التي عمل بها كانت بالأغلب مشتقة من البيئات الإدارية الغربية وتم تطبيقها بدون إجراء أي تعديل على المتطلبات الثقافية (نماذج تصلح في الغرب ولا تناسب البيئة والثقافات العربية).

(3) **الإصلاح البيروقراطي** (إعادة التنظيم): لا تختلف أهداف هذا المبدأ كثيراً عن الأهداف التقليدية مثل الكفاءة واستبدال الإجراءات الفعالة للإدارة العامة، وذلك مع المحافظة على الخصائص الأساسية للنظام الإداري.

ويسعى مفهوم إعادة التنظيم إلى إجراء تحسينات في النظام الإداري في كلا الصعيدين السلوكي والهيكلي، وتتركز معظم جهود هذا المفهوم نحو إصلاح الأنظمة الإدارية والعلاقات البيروقراطية المنتظمة بدون التركيز على العلاقات السلوكية.

(4) **الثورة الإدارية:** كما يبدو اسم هذا المصطلح فإنه بلا شك يرتبط بالثورات السياسية التي تحمل تغيرات وفلسفات جديدة.

وتحمل الثورة الإدارية في محتواها إلغاء وتدمير الهيكل القائم للأنظمة الإدارية بالإضافة إلى القيم والبنية الأساسية للبيئة (الاجتماعية، الاقتصادية) وتشمل هذه التغيرات العديد من القطاعات المتعددة ولا تقتصر على قطاع واحد.

وعلى أية حال فإن حدوث مثل هذه الثورات الإدارية يعتبر محدوداً في العالم العربي وتعتبر ليبيا من البلدان التي حصلت فيها مثل هذه الثورات الإدارية، حيث عمل النظام الجديد على تغيير كامل في نظام الحكم وتم وضع إجراءات جديدة لتدعيم الوضع والهيكل الإداري الحاكم الجديد.

وفي هذه الحالة يعتبر الإصلاح الإداري الهيكلي الواسع بالإضافة إلى الإصلاح السلوكي والمؤسسي ضرورياً لإصباغ نوع من الشرعية على النظام الجديد.

* واقع الإصلاح الإداري في الدول العربية:

وتفتقر عملية الإصلاح الإداري في البلدان العربية إلى عدم وجود اهتمام واسع ومكثف حول الموضوع، وفي الواقع لم يكن هنالك سوى عدد قليل من الدراسات التي عالجت قضية (الإصلاح الإداري) ومكوناتها وأطرافها المعنية بها.

فقد تمحور الاهتمام حول إجراءات تطبيق الإصلاح وعلى الخطوات اللاحقة للتطبيق والقوانين التي يجب مراعاتها، بالإضافة إلى غياب الاختيار المناسب للمشاركين والمسؤولين عن عملية الإصلاح.

وقد يعزى موضوع الإهمال أو الخلل هذا، إلى أن الإصلاح الإداري عادة ما يكون محكوماً بمجموعة من القوانين والتعليمات التي تضعها الحكومات لضبط مساره وبالتالي تشكل عائقاً أمام تسهيل الطريق نحو تحقيق الإصلاح، عادة ما يتم الإصلاح في البلدان العربية ضمن طريق نحو تحقيق الإصلاح، عادة ما يتم الإصلاح في البلدان العربية ضمن طريق ضيق وغير مرن من القوانين.

* الاتجاهات نحو الإصلاح الإداري:

لقد اتخذت محاولات الإصلاح المتعددة في الوطن العربي ثلاث اتجاهات شاملة نحو الإصلاح الإداري والتي يمكن تلخيصها بما يأتي:

(1) الاتجاه البيروقراطي:

تشير معظم تجارب الدول العربية بان النصيب الأكبر من الإصلاح الإداري كان موجهاً نحو الاهتمامات التقليدية من حيث الكفاءة والاقتصاد.

وقد تم تطوير خطط وسياسات غير متناسقة ومتقطعة للارتقاء ببيروقراطيات الحكومات السابقة والتي تعتمد بدورها على خطط وسياسات بيروقراطية تساعد

الحكومة على زيادة الكفاية الاقتصادية لها دون التركيز على جوانب الفعالية والإصلاح والتطور الإداري.

وقد ساعدت هذه المحاولات على تحقيق نوع من الفاعلية لكن الآثار المتزايدة لهذه التحسينات لم تغير في الإنتاجية بشكل كبير.

ويمكن تفسير هذا القصور في تحقيق الإنتاجية والفعالية والإصلاح الإداري في الاتجاه إلى ما يلي:

1) ترتبط الإنتاجية بوفرة المصادر والموارد اللازمة لتوفير منتج أو خدمة ما وهكذا فإن التحسينات الإدارية يجب أن تركز على خفض النفقات وذلك إما عن طريق تثبيتها أو بزيادة الكفاءة الإنتاجية.

2) زيادة قدرة الحكومة على تطبيق أسلوب خاص يعمل على زيادة نسبة التوفير.

3) عدم وجود أي دليل قطعي متوفر يشير بدوره إلى زيادة وتحسين في الإنتاجية والجودة والإصلاح الإداري في القطاعات الحكومية.

4) لا يوجد هناك أي أدلة واقعية تثبت أن الحكومات العربية في تقدم لتصبح أكثر فاعلية وعقلانية.

ولسوء الحظ فإن معظم محاولات الإصلاح في الوطن العربي تمركزت حول تطبيق النموذج البيروقراطي.

وتعتبر عملية تشكيل لجان الإصلاح في الدول العربية مثال قوي على الآثار السلبية للاتجاه البيروقراطي حيث كان اختيار أفراد هذه اللجان يتم عن طريق اختيار أعضاء من جهات ومؤسسات عامة وخاصة مختلفة لضمان أن توصيات هذه اللجان ستؤدي إلى تحقيق الإصلاح الإداري.

ولكون اتجاهات الإصلاح البيروقراطي ترتكز بشكل أساسي عن الكفاءة والفعالية كهدف أول لها، فعليه فإن عملية الإصلاح البيروقراطي غالباً تتم بشكل فوضوي وغير ملائم، وستوضح النقاط التالية هذه الناحية من خلال:

1) إن محاولة تطبيق الإصلاح غالباً ما تتم مواجهتها من أولئك الذين يستشعرون نوعاً من التهديد لمناهجهم وأساليب عملهم، حيث يشعر العديد من الإداريين في الحكومات بأن التغير في وضعهم الإداري قد يهدد بفقدانهم لقدرتهم على التأثير في السياسة.

2) مقاومة بعض الإداريين لأي زيادة في نشاط منظمتهم أو لأي محاولة للتقليل من صلاحيتهم عندما يشعرون باني الإصلاح سيكشف نقاط ضعفهم.

3) الغموض في معظم نتائج الإصلاح ونقص الوضوح في مسار إجراءات المدراء عند تطبيق الإصلاح.

4) فشل معظم محاولات الإصلاح لمراعاة الحاجة لزيادة دور القوى السياسية في عملية الإصلاح.

(2) **الاتجاه السلوكي:**

يركز هذا الاتجاه على خلق تغييرات سلوكية بشكل واضح في الرؤى والأهداف المؤسسية، إضافة إلى الاهتمام في تدريب الموظفين وتصميم برامج وإجراءات لتحسين الموارد البشرية باعتبارها أحد أهم العوامل لتوجيه النظام الإداري.

ومن مظاهر الاهتمام بهذا الاتجاه انتشار معاهد التطوير في الوطن العربي والتي كانت تركز على فكرة أن تحسين أداء المنظمة يرتبط بشكل وثيق مع اهتمامات واتجاهات الموارد البشرية، وقد تم إجراء العديد من الأبحاث والدراسات حول المدراء المحليين والتطورات الإدارية لتمكين المدراء من تحسين قدرة استيعاب منظمتهم.

يمكن القول بأن الاتجاه السلوكي قد ساعد على وضع بعض النقاط والمبادرات الأساسية الخاصة بالإصلاح الإداري، وتركز هذه الأنماط على ديناميكيات السلوك الإداري التي تربط بدورها الإصلاح بالتغيير في الموظفين والخصائص السلوكية للنظام.

(3) **الاتجاه المؤسسي:**

يأتي هذا الاتجاه وسيطاً ما بين الاتجاهين السابقين البيروقراطي والسلوكي حيث يركز على الدمج في التغيير ما بين (التغيير الهيكلي والسلوكي) ليشمل تغييرات معينة داخل النظام وينادي بأهمية التنوع في متطلبات الإصلاح لتلبية احتياجات منظمات عدة.

ويتركز الهدف الإداري الإصلاحي لهذا الاتجاه في زيادة سعة النظام الإداري ومحاولة كسبه الشرعية في الإصلاح الإداري.

ويوجد في الوطن العربي العديد من مؤسسات الإدارة العامة والمنظمات الأخرى التي تركز على هذا الاتجاه وذلك من خلال التركيز على الإصلاح المؤسسي، والعمل على إنشاء العديد من قنوات التواصل داخل النظام الإداري لتدعيم عملية الإصلاح وقد تم تبني استراتيجيات دعم عديدة مثل البحث العلمي والتطوير التكنولوجي وذلك من أجل تحقيق الأهداف التي ينادي بها هذا الاتجاه.

* أنماط الإصلاح الإداري في الوطن العربي:

أثمرت دراسة تجارب الإصلاح الإداري في الوطن العربي في إخراج العديد من الأنماط والافتراضات المرتبطة بالإصلاح الإداري والنتائج، وفيما يأتي ذكر لهذه الأنماط:

(1) **النمط الوقائي:**

ويتمثل هذا النمط في رفض النظام الإداري وعدم تقبله للغير والتطوير والتوسع والاكتساب من التجارب الناجحة، حيث يكون الهم الأول للنظام والبيروقراطيين حماية مناصبهم ومواقعهم الوظيفية من منافسهم، وهنالك أدلة كثيرة في تجارب الدول العربية على تمسك بعض الأفراد بموقعهم مما عاق عمليات الإصلاح.

ومثال على ذلك السودان حيث يشير الدكتور مختار العصوم بأن تمسك الوزراء السودانيين بالسلطة ومحاولتهم للحفاظ عليها أدى إلى خلق الصراع والتداخل ما بين وزارة الخارجية ووزارة المالية.

وتشير التجربة المغربية إلى وجود نوع من التوسع في النمط البيروقراطي في داخل مؤسساتها الإدارية من خلال التوسع في السلطة والقوة في العديد من إدارتها وإهمال العلاقات المتبادلة مع الجهات الإدارية الأخرى التي تنادي بالإصلاح وهذا بدوره يؤدي إلى فشل عملية الإصلاح الإداري.

ويمكن أن نستشهد بتجربة الأردن وخاصة في وزارة المالية التي تعتبر أنظمتها وإجراءاتها الإدارية مثالاً يحتذي به في الكفاءة، لكنها لطالما شكلت مشكلة في أن تطالها عملية الإصلاح الإداري، حيث نجد أن التركيز في المنظمة يكون مصباً على تطبيق الأنظمة والإجراءات لا على الأداء الإداري الحكومي الجماعي.

ومن الملاحظ في تجارب الدول العربية أنها تفتقر إلى عناصر الإبداع المؤسسية في السياسات الإدارية التي تعتبر ضرورية للاستجابة إلى متغيرات البيئة الخارجية.

(2) النمط الوصفي:

يعتمد الإصلاح الإداري بناءً على هذا المبدأ على محاولات وتجارب المصلحين الإداريين من خلال اقتراح وتطبيق سياسات إصلاح شاملة تعني في بعض القضايا الإدارية.

وقد ثبتت فاعلية هذا الاتجاه في العديد من البلدان العربية ولكن مع غياب الدراسة اللازمة للتقييم والحكم على نجاحه، فقد تم الحكم على نجاحات هذا الاتجاه بناء على آراء إدارية وملاحظات إدارية شخصية ولم تكن مبنية على أسس علمية متينة أو على حقائق لا يمكن دحضها.

ومثال على ذلك، المعاهد المختصة في التطوير والتدريب التي تم تأسيسها في العديد من الدول العربية حيث يوجد هنالك قرابة (18) معهد إداري ناهيك عن الجامعات والكليات التي تم تقليدها واشتقاقها من تجارب دول أجنبية دون الرجوع إلى دراسات خاصة من أجل تقييم هذه المعاهد وإثبات جدواها وتطابقها مع الحاجات الثقافية والاجتماعية الخاصة بالبلدان العربية.

وعلى الرغم من وجود بعض النجاحات الملموسة في التجربة الأردنية (في نطاقات محدودة) إلا أنها ما زالت تتبع طريقة جزئية في الإصلاح والتركيز على جوانب محددة مثل الإصلاح الوظيفي والإصلاح في الخدمات العامة والتنسيق ما بين أجهزة الحكومة.

ولا يزال نمط الإصلاح السائد بين البلدان العربية غير قادرة على حياكة وصياغة الحلول وغير قادر أيضاً على التعامل مع المشاكل الإدارية أو مقابلة احتياجات التطور أو حتى التعامل مع التغيرات المستجدة.

ومن المشاكل التي واجهت هذا الاتجاه ما يلي:

(1) تحاول المنظمات التعامل مع المشاكل بناءً على تعريف الإصلاحيين، بحيث قد يوجد هناك مواقف لا تحتاج إلى الإصلاح أصلاً، ولسوء الحظ فإن المدراء يقومون بتنفيذها كما أمروا وهذا لا يخدم في عملية الإصلاح الإداري في النظام بشكل فعال ومسؤول.

(2) قلة تركيز النظام على إصلاح القضايا الداخلية المصغرة، وبالتالي تواجه عملية الإصلاح الإداري الفشل وعدم الوصول إلى الإصلاح الإداري المنشود، وهذا يعني بقاء النظام الإداري كما هو دون أي تغيير وتحسن.

(3) وغالباً ما يتم إهمال المشاكل الأساسية للنظام ويعد هذا ظاهراً في تجاهل الدور السياسي للمدراء بشكل خاص وفي النظام الإداري بشكل عام في محاولة صنع السياسات.

(4) ويعتمد واضعي سياسات الإصلاح على تقديراتهم الخاصة حول الحاجة للإصلاح وأهدافه واتجاهات وميول المدراء المسؤولين عن تنفيذ سياسة الإصلاح. وهكذا فإن الإداريين يعتبرون كأدوات رئيسية في عملية الإصلاح حيث يقع على عاتقهم عملية تشكيل سياسة الإصلاح.

هوامش ومراجع الفصل التاسع

(1) الأعرجي، عاصم، (1995). دراسات معاصرة في التطوير الإداري، (ط1). دار الفكر للنشر والتوزيع. عمان-الأردن.

(2) اللوزي، موسى، (2002). التنمية الإدارية، (ط2)، دار وائل للنشر والتوزيع. عمان-الأردن.

(3) **Alsayeg, Naser, (1986). Public administration and Administrative Reform in the Arab countries.**

(4) حلمي، يوسف، (2001). إدارة التنمية، (ط1). دار المناهج للنشر والتوزيع. عمان-الأردن.

(5) القريوتي، محمد قاسم، (2001). الإصلاح الإداري بين النظرية والتطبيق، (ط1). دار وائل للنشر والتوزيع. عمان-الأردن.

قائمة المراجع العربية والأجنبية

أ- المراجع العربية

(1) شيحا، إبراهيم عبد العزيز، (1993). الإدارة العامة -العملية الإدارية، (ط2). دار الحامد للنشر والتوزيع. عمان- الأردن.

(2) زويلف، مهدي حسن، (1984). مبادئ الإدارة: نظريات ووظائف، كلية الاقتصاد والعلوم الإدارية. عمان- الأردن.

(3) القريوتي، محمد، (2001). مبادئ الإدارة -النظريات والعمليات والوظائف، (ط1). دار وائل للنشر والتوزيع ودار صفاء للنشر والتوزيع. عمان-الأردن.

(4) شاويش، مصطفى نجيب، (2005). إدارة الموارد البشرية، (ط3). دار الشروق للنشر والتوزيع. عمان-الأردن.

(5) منجي، محمد عبد الفتاح، مصطفى، محمد كامل، (1988). تخطيط القوى العاملة بين النظرية والتطبيق، بيمكو للاستشارات الهندسية. القاهرة.

(6) مخاطرة، محسن عبد الله، (1986). تخطيط القوى العاملة على المستويين الكلي والجزئي، المنظمة العربية للعلو الإدارية. عمان-الأردن.

(7) بندقجي، محمد رياض، (1997). التسويق وإدارة أعمال المبيعات، (ط2). المركز العربي للنشر والتوزيع. عمان-الأردن.

(8) بندقجي، محمد رياض، (1980). مبادئ الإدارة العلمية. تيكو للنشر والتوزيع. عمان-الأردن.

(9) توفيق، حسن أحمد، (1987). إدارة المبيعات، جامعة القاهرة-القاهرة.

(10) القريوتي، محمد قاسم، (1996). التطوير الإداري، (ط1). المؤسسة العربية للدراسات والنشر. عمان-الأردن.

(11) اللوزي، موسى، (2002). التنمية الإدارية، (ط2). دار وائل للنشر والتوزيع. عمان-الأردن.

(12) الصرف، رعد حسن، (2000). إدارة الابتكار والإبداع: الأسس التكولنوجية وطرائق التطبيق. الجزء الأول، سلسلة الرضا للمعلومات. دمشق.

(13) المدهون، موسى، (1999). الاستراتيجية الحديثة للتغيير والإصلاح الإداري. المجلد (15). (ع3).

(14) الأعرجي، عاصم، (1995). دراسات معاصرة في التطوير الإداري، (ط1). دار الفكر للنشر والتوزيع. عمان-الأردن.

(15) العميان، محمد سلمان، (2004). السلوك التنظيمي في منظمات الأعمال، (ط2). دار وائل للنشر والتوزيع. عمان-الأردن.

(16) ماهر، أحمد، (2003). السلوك التنظيمي، مدخل بناء المهارات، الدار الجامعية. القاهرة.

(17) صالح، محمد فالح، (2004). إدارة الموارد البشرية، (ط1). دار الحامد للنشر والتوزيع. عمان-الأردن.

(18) زويلف: مهدي حسن، (1984). مبادئ الإدارة: نظريات ووظائف، كلية الاقتصاد والعلوم الإدارية، عمان-الأردن.

(19) اللوزي، موسى، (1999). التطوير التنظيمي: أساسيات ومفاهيم حديثة، (ط1). دار وائل للنشر والتوزيع. عمان-الأردن.

(20) عامر، سعيد يسن، (1992). استراتيجيات التغير وتطوير المنظمات الأعمال. مركز سيرفيس للاستشارات والتطوير الإداري، القاهرة.

(21) العمري، عائض، (1996). الهندرة، "عصر جديد في إدارة الأعمال". المجلة العالمية السعودية، (ع215).

(22) عباس، صلاح، (2003). الخصخصة، المصطلح-التطبيق، مؤسسة شباب الجامعة الإسكندرية. القاهرة.

(23) صبح، محمود، (1999). الخصخصة، (ط2). البيان للطباعة والنشر. القاهرة.

(24) محمود، خضير كاظم، (2000). إدارة الجودة الشاملة، دار المسيرة لنشر والتوزيع، عمان-الأردن.

(25) حمود، خضير كاظم، أبو تايه، سلطان نايف، (2001). متطلبات التأهيل لشهادة الأيزو **ISO 9000**، مكتبة اليقظة للنشر والتوزيع. عمان-الأردن.

(26) ياغي، محمد عبد الفتاح، (2003). التدريب الإداري بين النظرية والتطبيق، (ط2). مركز أحمد ياسين الفني. عمان-الأردن.

(27) الحاج، طارق، (1990). إدارة الأفراد، (ط1). دار الندوة للنشر والتوزيع. عمان-الأردن.

(28) عليوة، السيد، (2001). تحديد الاحتياجات التدريبية، (ط1). آيتراك للنشر والتوزيع. عمان-الأردن.

(29) حلمي، يوسف، (2001). إدارة التنمية، (ط1). دار المناهج للنشر والتوزيع. عمان-الأردن.

(30) القريوتي، محمد قاسم، (2001). الإصلاح الإداري بين النظرية والتطبيق، (ط1). دار وائل للنشر والتوزيع. عمان-الأردن.

ب- المراجع الأجنبية

(1) Trorrington, D and Hall, L. (1998) Human Resouces Management, (4th ed). London: prentice Hall Europe.

(2) Richar, Daft, (2004). Organization theory & Desion, thED. USA.

(3) www.alamothaqaf.com.

(4) Brachm, Johan, (1978). Practical Manpower planning, in statute of personal Management. London.

(5) Davar, Gary (1988). Personnel Management. Fourth Edition, Englewood, cliffs, preutice-Hall international Editions. New Jersey.

(6) Thomas R. wotruba. And Edwink. Simpson, (1989). Sales Management. Boston: KENT. Publishing company.

(7) Dan T. Dunn, Ir. & claud A. Thomas, (1988). Strategy for systems sellers: A Grid Appro cach, Journal of personnel selling and sales Management.

(8) Thomas N.Ingram & Raymond w. LAFORGE, (1992). Sales Management (Chicago: The Dryden press).

(9) Alsayeg, Naser, (1986). Public administration and Administrative Reform in the Arab countries.

(10) Richard. L. Daft, (2003). Organization theory and Design, Eighth Edition.

(11) Richard, Daft, L. and Noe, Raymand, (2001). Organization Behavior. Harcot college publishers. USA.

(12) Robbins, p. Stephen, (2003). Organizational Behavior, Reed. Preutice-Hall, Inc New Jersey.

(13) www.ksa-uni-com.

(14) Daft, R., (1992). Organization Theory, and Design, west publishing company New York.

(15) Don Warrick & rom Donovan, (1996). Surveying organization Development skills, Training & development Jounal.

(16) Rymond, L. Mangane lli, Mark M. Kaliein, (1995). The Reengineering Hand Book, A step by step guide to busieg trans formation, Amacon, USA.

(17) www.atthewed.com.

(18) Noe, Raymond A, (2005). Employee Training and Development. (Oxford UK capstone).

(19) www.nuffic.nl.

(20) Lilly M.Berry, (2004). Employee selection. San franciso.

(21) www.csb.gov.jo.

